校园足球科学化训练
与后备人才的选拔与培养研究

陈　栋◎著

北京燕山出版社

图书在版编目（CIP）数据

校园足球科学化训练与后备人才的选拔与培养研究 /
陈栋著 . — 北京 : 北京燕山出版社 , 2022.10
ISBN 978-7-5402-6709-4

Ⅰ . ①校… Ⅱ . ①陈… Ⅲ . ①学校体育－足球运动－
运动训练－教学研究－中国②足球运动－人才选拔－研究
－中国③足球运动－人才培养－研究－中国 Ⅳ .
① G843.2

中国版本图书馆 CIP 数据核字（2022）第 192631 号

校园足球科学化训练与后备人才的选拔与培养研究

著者：陈栋
责任编辑：邓京
封面设计：马静静
出版发行：北京燕山出版社有限公司
社址：北京市丰台区东铁匠营苇子坑 138 号
邮编：100079
电话传真：86-10-65240430（总编室）
印刷：北京亚吉飞数码科技有限公司
成品尺寸：170mm×240mm
字数：222 千字
印张：14
版别：2023 年 4 月第 1 版
印次：2023 年 4 月第 1 次印刷
ISBN：978-7-5402-6709-4
定价：80.00 元

前言 ⋮▼

  恩格斯说过:"历史从哪里开始,思想进程也应当从哪里开始。"要更好地发展校园足球,就要先深刻地认识校园足球的起源。2009年,校园足球由国家体育总局和教育部联合推出,起初目的是夯实足球人才根基,培养足球后备人才。党的十八大以后,在党和国家的大力支持下,校园足球的内涵不断丰富,逐渐演变成中国足球改革发展的奠基工程、促进青少年健康成长的基础性工程、立德树人的育人工程、新时代全面推进学校体育改革的探路工程及体育强国战略工程。目前,校园足球在顶层设计、整体布局和保障体系等方面都取得了阶段性的成就,建立健全了教学体系、训练体系、竞赛体系以及人才输送体系,形成了教学是基础、竞赛是关键、体制机制是保障、育人是根本的人才培养理念。

  关于校园足球后备人才培养的研究,一直以来都是学术界关注的焦点。步入新的历史时期,只有科学分析校园足球后备人才培养面临的现实挑战,积极适应时代需求,强化校园足球理论研究,夯实校园足球人才培养基础,用最新理论指导实践,才能确保校园足球健康、稳步、高质量发展。

  基于上述背景,开展校园足球科学化训练,寻找并解决后备人才的培养与选拔的方法是未来改革的重要方向。为此,本人写作了这本《校园足球科学化训练与后备人才的选拔与培养研究》,希望为校园足球运动的科学训练与后备人才的培养、选拔提供新的发展思路。本书共计九章,第一章首先分析校园足球发展态势,第二章至第三章分别分析校园足球教学体系和训练体系的建设,第四章至第六章重点阐述校园足球专项体能、足球技术、足球战术的教学与训练,第七章至第九章则对校园足球后备人才的竞技能力与发展、选拔与培养展开研究。

整体而言,本书立足校园足球训练与后备人才的培养现状,对校园足球科学化训练与后备人才选拔和培养的相关理论进行了客观且全面深入地分析。在后备人才培养与选拔等研究中本书结合实际明确提出了有参考价值的策略,体现了学术性、时代性、理论性及实用性等特点。本书从整体内容构思和结构上都力求做到系统性、严谨性,并与当前社会文化发展紧密结合,突出时代特点。希望通过本书的研究,为我国校园足球运动的科学化训练提供有意义的指导,并为我国培养与输送优秀的足球后备人才提供帮助。

本书参考和借鉴了一些相关的参考文献,在此表示衷心感谢!学问无止尽,书中不妥之处,敬请读者批评指正。

作　者
2022 年 5 月

目 录 ••••▼

第一章

校园足球发展态势

足球历来受到世界各足球强国的重视,足球强国为发展青少年足球而制订长远规划,将普及与提高有机结合,从而不断巩固本国足球的世界领先地位。为了深入贯彻落实党的十九大精神和习近平新时代中国特色社会主义思想重要指示精神,将开展青少年校园足球活动作为加快推进健康中国建设,落实教育"立德树人"根本任务,拓展素质教育新空间,推进学校体育综合改革,促进青少年学生身心健康全面发展的国家战略重要举措,旨在新时代新形势背景下,推进学校体育工作高质量发展,大幅改善、提高青少年体质健康水平、足球运动竞技水平,为实现足球强国梦、健康中国梦奠定坚实基础。教育部多次强调要以足球运动为抓手,全面深化学校体育教育改革,吸引更多青少年学生热爱足球、参与足球、享受足球运动,不断提高、发挥足球"立德树人"功能,让校园足球战略工程成为新时代促进青少年全面、健康、高素质成长、成才的基础途径平台。青少年校园足球开展意义重大而深远,可谓功在当代,利在千秋。

第一节　校园足球总体发展概况

一、校园足球产生的背景

足球是全球最具影响力的单项体育运动,故享有"世界第一运动"的美誉,它对个体和社会的发展都具有积极的促进作用及意义。校园足球活动正是在我国足球运动发展滞后以及青少年体质不断下降的背景下产生的。

2008年,中国足球运动队在各大比赛中接连碰壁,男子足球队更是被称为是"三流球队",严重影响了国家形象。我国举办北京奥运会后,体育事业的发展迎来辉煌时期,但对比发现,我国足球和我国其他优势项目如乒乓球的发展明显呈两种状态,在后奥运时代,我国致力于改革足球体制,振兴中国足球,甚至在近些年将振兴、发展中国足球上升到国家战略的层面。

作为世界体育大国,我国近些年在奥运会上接连取得好成绩,获得的奖牌数和金牌数都很可观,这份成绩让每个国人都骄傲和自豪。但是我国足球运动的发展却依旧没有起色,尤其是男子足球,其发展的落后状态受到了国家和社会的关注,政府部门多次强调要大力改革国足体制,加快发展中国足球。国家体育总局和有关政府部门共同开展关于足球整治与改革的工作,以期改变国足的落后面貌,把中国足球拉出谷底。

我国足球整体缺乏良好的基础,尤其是缺乏青少年基础,缺少优秀的青少年足球后备人才,这是长久以来中国足球在世界各大比赛中没有取得良好成绩的一个重要原因。2010年,我国足球协会发布文件明确指出当前我国青少年足球的发展面临着很大的困境与许多的问题,并提议采取措施扩大足球人口规模,扩大青少年足球人口。中国足球的持续健康发展离不开青少年足球,后者是前者非常重要的"基石"。而要发展好青少年足球,就要努力做好两个方面的工作:一方面是加强足球运动在青少年群体中的普及,扩大青少年足球人口规模;另一方面是培养青少年足球人才,提高青少年足球水平。为促进青少年足球运动水平乃至整个足球运动水平的提升,促进中国足球的振兴,有序开展青少年足球工作,中国足协制定相关方案,对青少年足球运动发展现状进行调查,并分析发展中存在的问题,明确指出足球后备人才培养基础薄弱、培养乏力、青少年足球运动员数量少及质量有待提高等问题,并明确表示这是我国竞技足球和职业足球发展滞后的主要原因之一。方案中还针对中国青少年足球发展现状与问题而提出了改革要求与发展思路,明确了青少年足球发展的指导思想和发展思路,确定了发展目标,提出了具体工作任务和工作开展步骤,从多个维度推进中国青少年足球工作的稳步和高效开展。

中国足球经过多次改革后在竞技领域依然没有取得明显的成效,尤其是男子足球队依旧在各大赛事中频频以失败告终,经过一次次的失败后,中国足协总结经验教训,认识到青少年足球是中国足球发展的突破口,确立了大力发展青少年足球的决心。2009年,《关于开展全国青少年校园足球活动的通知》及《全国青少年校园足球活动实施方案》由国家体育总局和教育部联合下发。在这之前,我国体育总局和教育部针对体育单项的发展而联合下发文件的情况还没出现,这个"第一次"足以看出国家对青少年足球的重视及国家面向青少年群体而推广足球运动的决心。青少年校园足球活动起初先在青岛启动,后来足球进入全国各地中小学中。从方案启动到现在,我国开展校园足球活动的中小学已有2 000多所,遍及全国几十个城市。我国开展校园足球运动不仅是为了发展中国足球,培养优秀人才,同时也是为了增强青少年体质,对青少年顽强拼搏、团结协作等体育精神进行培养,在这一培养目标和思想的指引下,校园足球活动越来越普及,各级学校相互衔接的足球联赛逐渐形成并完善,足球知识和运动技能在青少年群体中普及率不断提升,校园足球氛围越来越浓厚,青少年足球后备人才的培养也取得了一定的成绩。

二、校园足球发展取得的成绩

校园足球活动在我国开展以来,各级政府给予了很大的财政支持,从资金上保障校园足球活动的顺利开展。为开展校园足球活动而投入的资金中,很大一部分用于建设学校足球设施,足球场地、器材等是足球运动开展的基础条件,基础设施的改善为校园足球的顺利开展提供了最基本的保障。我国在校园足球场地建设中,既有新建的场地,也有改建和修缮的场地,经过这些努力,我国校园足球场地已有四万块左右,这为青少年参与校园足球活动提供了基础条件,打破了原来因为缺少场地而限制青少年踢足球的不良局面。

我国除了在校园足球基础设施建设上做了努力外,在足球师资引进与培养方面也做了大量工作,我国培养了大量的体育骨干教师,并为校园足球特色学校引进有很强管理能力的管理人才,为优秀足球师资创造与提供学习与培训机会,经过不断努力,接受过专门培训的体育师资不断增加,中小学体育教师新增数量增加,我国在师资培训上投入了大量财力、人力资源,缓解了足球师资不足与青少年足球发展需求日益增加的矛盾,为校园足球活动的顺利开展和提高校园足球活动开展水平提供了人力保障。

此外,围绕开展校园足球活动而组织的各类会议不断增加,会议上讨论校园足球活动开展中出现的问题,以及已经预见到的问题。

三、校园足球未来发展思考

开展校园足球是一项系统工程,任重道远,未来我国可以从以下几方面来进一步推广校园足球,开展丰富的校园足球活动,提升校园足球的整体发展水平。

（一）深化校园足球教学改革

（1）更新足球教学理念。普及快乐足球理念,让青少年学生从足球中享受快乐、享受参与过程、学会尊重他人、自觉全力以赴争取好成绩等。这种简单快乐、积极向上的足球理念使青少年沉浸在欢乐的足球氛围中,对促进青少年身心健康具有重要意义。

（2）创新足球教学方式。

第一,结合学校实际制定校园足球教学方案,利用互联网技术开发足球网络课程。

第二,改革足球教学方法和教学模式,设计有启发意义的教学方式,提高学生的参与度和认知度。

第三,在足球教学中培养学生的足球兴趣,激发学生学习的积极主动性,寓教于乐,使学生快乐参与足球运动。

（3）培养校园足球师资力量。优秀足球师资力量的缺乏是制约我国校园足球教学发展的主要原因之一,要夯实校园足球的基础,加快校园足球发展,提升校园足球水平,就必须重视对优秀足球师资队伍的建设,对足球理论素养好、专长突出以及有一定管理能力的师资进行培养。培养足球师资力量,既要培养新的队伍,又要对现有队伍进行专业培训,尤其要重点培训足球教练员、足球骨干教师和足球裁判员,培训工作必须具有持续性,从而促进足球教师教学能力、训练能力的持续提升,促进足球教师队伍综合素养的增强,使这支力量在校园足球发展中充分发挥自身的价值。

（二）进一步明确开展校园足球的正确导向

我国一些地方在开展校园足球活动时过分强调比赛和成绩的重要性,急于求成,一心只想通过优异的比赛成绩来获得政府和社会的认可,这其实已经与校园足球的本质发生了偏离,不利于足球的普及和青少年的健康。

开展校园足球活动应以"增强体质"和"快乐参与"为主要导向,围绕这一导向而建设校园足球文化。足球竞赛只是校园足球众多活动形式中的一种,不是核心内容,更不是全部内容。举办校园足球活动要以增强学生体质、普及足球知识和技能、传承足球文化以及促进学生全面发展为目的,而不能只强调比赛成绩。即使是开展校园足球联赛,也应秉着科学合理,适度组织的原则,重在参与,不能过度强调最终比赛结果。

（三）建立校园足球管理体制,加大管理力度

建立并完善校园足球管理体制非常重要,这需要解放思想,摆脱传统体育观念与体制的束缚,改革以体育职能部门为主体的校园足球组织体系,突出教育部门的主体管理地位,建立符合校园足球发展规律与现状的组织管理体系,实事求是地开展组织与管理工作,以政府为主导,体育和教育部门相互协调配合,并以教育部门为主,即建立"政府主导,教体共管,以教为主"的组织管理体系,如图1-1所示。

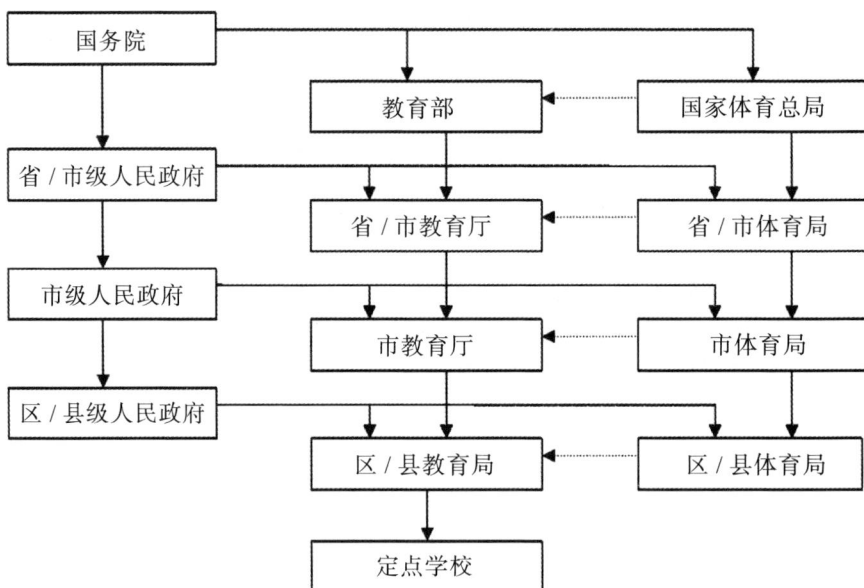

图 1-1　校园足球管理体系 [1]

（四）建立"选材"和"育才"相结合的校园足球后备人才培养模式

"选材"指才能发现，"育才"指才能发展。青少年足球人才选材工作由才能发现、才能确认、才能发展和才能精选 4 个连续的阶段组成，它们构成了选材的统一体。选材是一个系统的动态过程，包括一系列环环相扣的工作，选材和育才始终紧密相连，不可分割。在青少年足球人才的培养中，要将选材和育才紧紧结合起来。基于这一认识，立足我国足球发展实情，可以构建选材与育才相结合的青少年足球人才培养模式，如图 1-2 所示。

---

① 李纪霞. 全国青少年校园足球活动发展战略研究 [D]. 上海体育学院，2012.

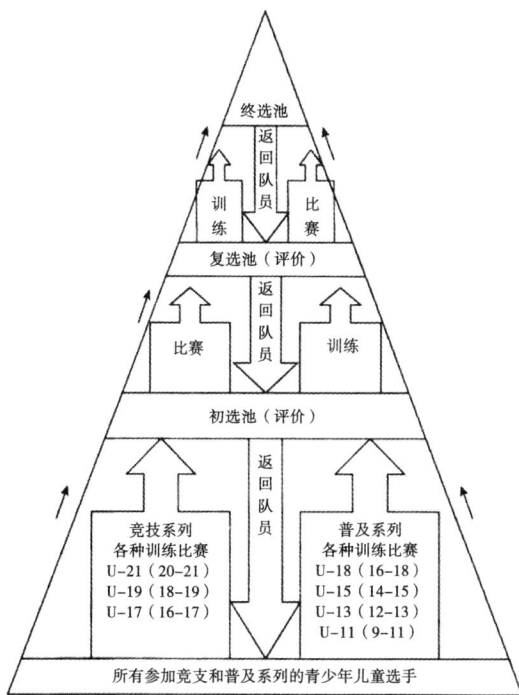

图1-2　青少年足球人才培养模式 [①]

在选材与育才相结合的培养模式下,青少年足球人才的选拔和培养要做好以下工作。

第一,面向所有参加足球运动的青少年进行初级选材,选材方式根据选材对象的年龄而确定,16岁以下的青少年,采用技术达标测试的方式进行选拔。16岁及以上的青少年,采用比赛方式进行选拔,根据测试与评价结果挑选合格人才。

第二,对经过初选的青少年进行技战术测试,以比赛形式测试,根据最终结果判断是否达标,达标者推荐到上一层继续测试,层层选拔。

第三,对最终入选的青少年进行系统培养,包括体能、技能、智能等多方面的培养,促进青少年后备人才的全面发展。

（五）促进校园足球的可持续发展

校园足球可持续发展指的是在持续、健康和稳定地促进青少年学生

---

① 金钢铁.青少年校园足球发展战略研究[M].北京：北京体育大学出版社,
2018.

健康成长、全面发展及培养青少年足球后备人才的同时,促进校园足球与教育之间关系的平衡和青少年与社会的和谐发展。

1.校园足球可持续发展的维度

有关学者从可持续发展理念和校园足球发展现状出发,构建了校园足球可持续发展的框架,如图1-3所示。

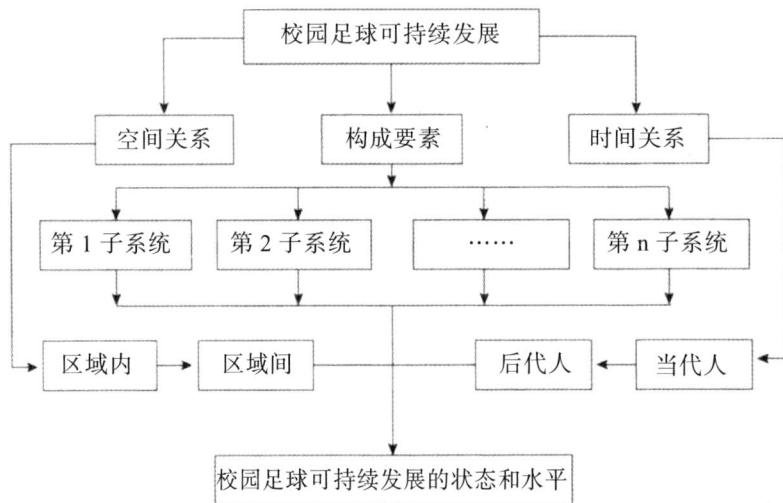

图1-3 校园足球可持续发展的三维框架[①]

图1-3所示的校园足球可持续发展框架具有三维特征,分析如下。

（1）时间维。在这一维度上,开展校园足球不能有功利主义思想,要脚踏实地,一步一个脚印,不但要使当代学生的身心健康需求、当代人对我国足球运动振兴的渴望得到满足,而且还要使未来学生和其他人民的这些需求和渴望持续得到满足。

（2）空间维。在空间维度上,要推动区域内校园足球的和谐发展和区域间校园足球的协调发展。同时要对校园足球的发展规模进行控制,不要贪大求全,不要过早大规模扩展,否则会给有关部门带来经济负担,同时也无法保证质量。要先在某个或某些区域进行实践,起到示范作用,然后总结经验,时机成熟后再向更大区域推广和拓展。

（3）要素维。校园足球可持续发展的构成包括诸多要素,各个组成

---

① 金钢铁.青少年校园足球发展战略研究[M].北京：北京体育大学出版社,
2018.

部分之间密切联系,相互影响,任何一个要素的变化发展都会对整个系统的运作和功能产生影响。因此要有机整合各个要素,处理好各要素之间的关系,通过优化各个要素来提升校园足球可持续发展的整体水平。

2. 校园足球可持续发展系统的运行机制

开展校园足球是解决我国竞技足球发展困境的一个突破口,因为背负着振兴足球事业的艰巨任务,因此校园足球发展中必然面临一定的复杂性和较大难度,比较普遍的问题是场地设置不足、政策保障落实不到位、组织管理不当以及多方利益的矛盾与冲突等,这些问题的存在增加了校园足球可持续发展的阻力和难度。鉴于此,要促进校园足球可持续发展系统的顺利运作,需注意以下几个要点。

第一,明确校园足球可持续发展的目标定位,对校园足球发展现状与发展目标的差距进行客观评估,明确差距大小,以利于采取针对性改革措施。

第二,通过加强组织管理、协调不同利益主体的关系来缩短预期目标和发展现状的差距。

第三,及时进行校园足球可持续发展系统协同运行结果的反馈,根据反馈信息进行调整,完善协同运作机制。

在校园足球可持续发展系统运行中,要加强科学管控,提高协同效应,达到理想的协同运作目标。从这一思路出发,可建立校园足球可持续发展系统的协同运行机制模型,如图1-4所示。

3. 校园足球可持续发展的评价

要从系统论、整体观出发来筛选评价指标,设计评价方法,从而科学分析与描述校园足球在某个区域的发展状况,了解发展中存在的问题。

校园足球的发展和学校体育的发展不同,也与竞技体育的发展有区别,校园足球有自己的发展规律、发展特征,所以对校园足球的可持续发展进行评价时,既要树立可持续发展的理念,将可持续发展观体现出来,又要对校园足球本身的发展规律予以考虑。

以校园足球的可持续发展目标为中心,对科学全面、操作性强的评价指标和评价方法进行选用,从而提升评价的科学化水平,充分发挥评价的功能,真正推动校园足球逐步实现可持续发展的目标,这是系统评价校园足球可持续发展的总体思路。

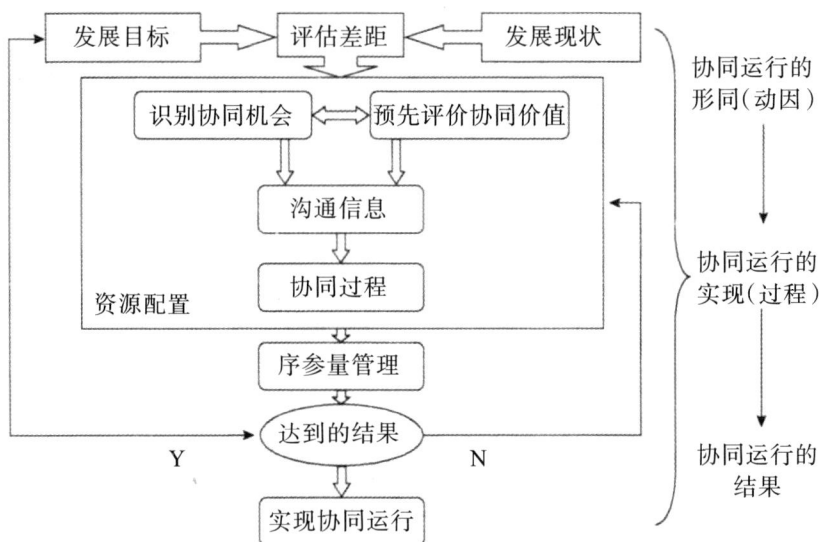

图1-4　校园足球可持续发展系统的协同运行机制①

第二节　关于校园足球发展的制度与文件

一、历年来出台的政策与举措

2009年以后,在党和国家领导人的重视和关心下,我国足球运动得到了空前的发展。有关部门也相继出台了一系列举措办法,对校园足球活动的发展进行了指导与规划。历年来国家政府各职能部门对校园足球活动发展所出台的政策与举措如下:

2009年,国家体育总局、教育部联合下发了《关于开展全国青少年校园足球活动的通知》及《全国青少年校园足球活动实施方案》(以下简称《实施方案》),并正式启动了校园足球活动。《实施方案》中就指导思想、工作方针、组织机构、职责分工、校园足球四级联赛组织方案等方面都做出了明确说明。

---

① 金钢铁.青少年校园足球发展战略研究[M].北京:北京体育大学出版社,2018.

2010 年,中国足协推出《"十二五"中国青少年足球发展规划》,指出青少年足球工作主要完成两大目标:一是抓好普及,扩大规模;二是培养人才,提高水平。一方面通过广泛开展校园足球活动,在广大青少年中推广普及足球运动,培养他们的兴趣和爱好,使其成为终身受益的健身方式。另一方面要恢复、完善人才培养体系,在体教结合中,科学选材,严格训练,加快提升青少年足球运动竞技能力水平,推动我国足球整体运动水平的提高。

同年,全国青少年校园足球工作座谈会提出:由国家体育总局拨出专项经费,由教育部牵头组织师资,分年度,分批次对开展校园足球活动学校的体育教师进行专项业务培训

2011 年,国家政府部门对开展青少年校园足球活动学校的体育教师进行全员培训的计划启动,要求每年为开展青少年校园足球活动的各学校各培训 1 名体育教师,总计 2246 名教师。这项培训计划的开展,将有效推动校园足球活动的开展,为在校园普及足球活动,夯实我国足球运动基础,逐步建立符合我国国情、"体教结合"的足球人才培养体系做出积极贡献。

2013 年,国家体育总局、教育部联合出台了《关于加强全国青少年校园足球工作的意见》,针对青少年足球发展的薄弱环节,提出"加大校园足球投入力度、加强场地设施建设和利用,建立健全校园足球评价机制、加强师资建设"等相关细则,以保证政策落实到位。

2014 年,第三届全国足球代表大会召开,会议上首次提出由教育部门领导担任足协副主席一职,为新一轮"教体合作",共同执行足球政策打下了基础。

2015 年,教育部等 6 部门在《关于加快发展青少年校园足球的实施意见》中提出:校园足球的工作目标是到 2020 年基本建成符合人才成长规律、青少年广泛参与,运动水平持续提升、体制机制充满活力、基础条件保障有力、文化氛围蓬勃向上的中国特色青少年校园足球发展体系。同时还提出"普及程度大幅提升、教学改革更加深入,竞赛体系更加完善,条件保障更加有力"四个目标,并根据这四方面目标提出了具体要求。

2016 年,为了进一步深化校园足球教学改革,形成内容丰富、形式多样、因材施教的校园足球教学体系,规范和指导中小学积极开展教学活动,大力提升校园足球教学质量,培养德智体全面发展的足球人才,

教育部印发了《全国青少年校园足球教学指南(试行)》和《学生足球运动技能等级评定标准(试行)》。

同年,国家发展改革委印发了《关于印发中国足球中长期发展规划(2016—2050年)的通知》,旨在全国特色足球学校达到2万所,中小学生经常参加足球运动人数超过3000万人;校园足球普及行动深化足球教学改革;加大校园足球运动场地建设力度;开展以强身健体和快乐参与为导向的校园足球比赛。

2017年,教育部提出将着力提高校园足球特色学校的建设质量和水平,争取提前完成建设2万所校园足球特色学校的任务,到2025年校园足球特色学校将达到5万所;完成对13381所校园足球特色学校的摸底普查工作,建立退出机制。并将按照"高站位谋划,精细化落实、高水平发展"的原则,坚持整体推进与重点突破相结合,创新体制机制,全面提高校园足球普及水平,加强政策宣传和分类指导,深入推进校园足球国际合作,因事而化、因时而进、因势而新,推动校园足球工作迈上新台阶。

2018年,教育部相继下发了《关于全国青少年校园足球夏令营活动规则与运动员登记认定办法的通知》《关于公布第二届全国青少年校园足球专家委员会委员名单的通知》。在2018年的全国及各省(区、市)校园足球夏令营中,共有2368名小学生入选省级最佳阵容,被授予"国家三级运动员"称号;共有4224名初、高中学生入选省级最佳阵容,被授予"国家二级运动员"称号:共有264名初、高中学生入选全国最佳阵容,被授予"国家一级运动员"称号。构建了"特色学校+高校高水平足球运动队+试点县(区)+改革试验区+'满天星'训练营"五位一体的校园足球立体推进格局。年内遴选创建3916所"全国青少年校园足球特色学校",累计共24126所;遴选创建33个全国青少年校园足球试点县(区),累计共135个。

2022年,由全国青少年校园足球工作领导小组印发的《2022年全国青少年校园足球工作要点》(以下简称《要点》),于近日正式发布。《要点》提到,校园足球在今年将深化体教融合机制,推进青训体系改革,共同完善足球特色学校建设标准、遴选机制、质量评估等工作机制,持续推动新时代校园足球工作高质量发展。

上述一系列政策与举措的颁布和实施,说明校园足球活动的发展受到的重视程度前所未有,已经上升到了国家发展战略层面,具有较为重要的战略意义。

二、国家体育总局主导下的校园足球

2009 年以来,中国足协一直在主导校园足球工作,做了大量的工作,也取得了成效。开展校园足球活动的学校发展到了 5000 多所,每年参与足球活动的学生在 270 万左右,经常参加足球活动(校队)的学生超过了 20 万(校园足球人数)。但是一方面广大校园足球开展主体直属主管部门属于各级别的教育行政部门,直至教育部,中国足协在开展校园足球方面受制于跨部门行政权限制约,同时家长和孩子们受困于学业、升学率及安全等问题,绝大多数校长对于足球运动不重视,甚至很排斥,难于更有效开展;另一方面,国家体育总局每年下拨几千万元开展校园足球活动的经费,对于规模较大的全国校园足球活动体系而言,无疑是杯水车薪,难以起到更有力的支持作用,这些原因制约了校园足球活动的进一步开展。同时,教育部门认为校园足球开展重点应该放在校内普及上,要实实在在的足球人口,过去几年,校园足球在体育主管部门组织管理下,以发现和选拔足球人才为最主要任务。而校园足球的定位应该体现其对青少年素质的全面发展提高的意义,促进学生体质健康、提高学生足球运动技能、塑造体育精神与健全人格等。

三、教育部主导下的升级版校园足球

教育部主导的校园足球将通过政策杠杆进行大力发展。和国家体育总局主导时有着较大的不同,教育部可以通过红头文件的方式,让校园足球成为体育的必修课,这是体育部门无法做到的。同时,教育部在自己的资源领域内,可以通过行政文件的形式,选取全国所有学校的 5%作为足球特色学校。全国学校的 5% 大约为 2 万所,也就是 2017 年教育部提出的目标。过去外界一直呼吁效仿日本,把足球纳入教学大纲,教育部把足球纳入体育教学必修课,实际上相当于纳入了教学大纲。在上升到国家层面后,在国务院支持下,教育部发展校园足球资金也得到更多支持。过去国家体育总局每年为校园足球提供的资金是 5 600 万元,可谓杯水车薪。教育部主导后,国家财政将给予强大支持,教育部及所在系统的地方政府、教育部门都会有相应的配套资金,校园足球发展资金得到了极大改善。同时,教育部可根据相关情况,调整招生政策,让足球特长生有更大的发展空间,高中毕业后可有更多机会升入大学踢球、深造,这样可解决踢球孩子的基本出路和家长的后顾之忧等问题。此外,在教育部出台校园足球新发展规划措施时,也向中国足协正式征求了意见,同时也希望中国足协能够继续在校园足球活动中发挥重要专业的人才和技术支持。

2015年3月8日《中国足球改革发展总体方案》(以下简称《方案》)正式公布,从国家战略发展层面明确了足球战略意义,这是中国足球史上一个里程碑式的事件。《方案》将足球改革作为体育改革的突破口和试验田,对体育改革具有引领示范作用,方案中提到"要让校园足球、新型足球学校、职业俱乐部、社会足球等各种培养途径衔接贯通",使得校园足球发展上升到了国家战略高度,为中国校园足球未来发展指明了方向,奠定了政策根基与制度保障。

第三节　关于校园足球发展现状的研究

一、当前校园足球主要研究热点

在查阅文献和访谈足球界、教育界、学校体育专家基础上,结合校园足球发展现实及趋势,针对性地提出当前校园足球亟待思考的前沿议题,以引领、深化校园足球理论探究,推进校园足球理论、实践协同发展。具体研究热点议题包括以下一些方面。

(1)中国特色校园足球理论体系亟须构建,为系统深化认知共识、凝聚合力提供思想理论前提。

(2)强化顶层政策设计,全面、深入地实践、解读顶层政策设计研究支撑,提升决策科学化及执行效果。

(3)强化活动、竞赛典范样板研究,彰显校园足球普及与提高的体系化质量攻坚发展。

(4)探索校园足球发展绩效评估制度科学化落地研究。

（5）强化"互联网+"背景下校园足球信息服务平台建设及大数据运用研究，提升校园足球"线上线下"协同和数据规模化资源水平。

（6）加强农村校园足球开展研究，拓展、优化校园足球根基。

（7）鉴于女子校园足球开展必要性、特殊性，有待推进平等、区别、协同参与研究。

（8）提倡以国际审视和跨学科视角，探索体现文化、教育国情的特色校园足球研究。

（9）校园足球其他待探究领域方向还有幼儿足球普及工程启动、推进亟须高度科研重视；亟须校园足球运动风险和足球暴力研究；足球教育文学、动漫、影视等文化产品研发有待协同启动、升级；加强时代媒体传播与舆论导向效应研究，优化校园足球文化传播体系、氛围；校园足球与社区、社会足球及高水平竞技足球无缝衔接、资源共享体系化未来格局构建探讨。

二、校园足球发展的逻辑起点

目前校园足球的发展道路仍属于顶层设计。顶层设计的好处是有纲可循，有政策作为依据，方便学校开展校园足球。从文本的角度来看，有关足球的通知、意见等行政性的公文，文本自身的逻辑性是不存在问题的。文件传达需要层层执行，这个过程是需要落实的。也就是说，逻辑性本身没有问题，但实际操作的效果或者在现实环境中实现的可能性，才是决定校园足球是否效果好的关键。由此来看，社会的主流价值取向也很重要，实际操作的利益相关体的考量更是重中之重。

从校园足球的发展来看，我们至少要弄清楚校园足球发展的逻辑动因是什么。我们知道，一种事物的出现绝对不是凭空冒出来的，要有一个渐入的过程，"罗马不是一天建成的"就是这个道理，是需要积累的。校园足球应该存在一个持续的过程。足球虽然在中华人民共和国成立之初就被列入体育教学大纲，可是足球的普及程度并不高，深受喜爱不代表技能普及，也不代表运动文化可以良性传承。20世纪60年代出生的很多人，小的时候都没有见过足球，直到上了大学才亲眼看到踢足球，这样一个现实状况表明，足球是市民运动，是一个巨大的集会活动。我们假设校园足球有一种惯性存在，那这个惯性存在应该是20世纪90年代才真正开始的。伴随着中国足球职业化改革的春风，校园足球、足球学校如雨后春笋般成长起来。但是市场化极浓的足球氛围让足球学校成了一种敛财的工具，虽然培养出了一批运动员，但人们更多的是利用足球开始疯狂挣钱，这样的足球学校，不仅带有很多功利性的色彩，而且给足球穿上了贵族化的外衣，让人高不可攀，何谈草根足球的兴旺发达。

进入 21 世纪，校园足球沉寂了几年又突然火了起来。2009 年，教育部、国家体育总局开始借助亿万学生阳光体育运动大力发展足球，认为足球能够丰富校园体育内容，开始着力打造学校依托、体教结合的青少年人才培养体系，明确提出普及足球知识和技能，培养全面发展、特长突出的青少年足球后备人才。时任教育部副部长陈小娅在全国青少年校园足球活动正式启动仪式上是这样说的："足球运动虽然深受青少年学生喜爱，在学校也有广泛的影响和基础，但是长期以来，由于受到学校体育场地、教师队伍以及经费保障等多种因素的制约，目前，足球运动在学校的普及程度还远不如其他许多体育项目，如篮球、排球、乒乓球等。以学校为基础的足球人才培养体系还没有建立和完善起来，校园足球运动技术水平更需要进一步提高。"

从《关于开展全国青少年校园足球活动的通知》和陈部长的讲话来看，足球人才培养体系才是校园足球发展的主要任务，这也是发展校园足球的逻辑起点。由此来看，把足球人才的发现、培养的思路放到了校园，将校园视为足球人才产生的摇篮，当然，这本身也是体育回归教育的体现。我们也是需要思考，足球回归教育的目的是什么？是培养健全人格的人，还是培养技能高超的运动员，更好地为竞技体育服务，还是为职业体育的发展输送人才？目的牵扯到任务的分解，这非常重要。

三、校园足球发展存在的问题

(一)师资队伍薄弱

为响应国家关于校园足球活动开展的方针政策，学校积极设置足球课程，组织足球教学，尤其是足球特色学校每周基本都能保证上一节足球课。但非足球特色学校普遍做不到每周上一节足球课，这与场地设施缺乏、师资力量薄弱等限制因素有关。学校足球课程体系建设水平还不够高，教学内容体系有待完善，课程组织与实施的延续性不强，不能有效衔接各阶段的足球教学目标和足球教学内容，尚未建立起统一的小学、中学、大学足球教学体系。此外,学校也缺乏必要的足球教学资源,如缺乏系统性、统一性的足球教材,校本教材开发力度弱,课程设置缺乏合理性,教学方法落后。教师资源也是非常重要的教学资源,但这类关键资源目前也是缺失状态,专业的足球教师比较少,而且大部分足球教师同时也是足球教练,专门的足球教练配备不足。如果靠传统培养计划来培养足球师资,以满足学校足球教学与训练的要求,那么我们需要几十年的时间才能配足,而且培养足球师资的渠道单一,短期培训又无法使非足球专业的体育教师具备足球执教与执训所要求的专业素养。足球师资数量缺口很大,现有师资专业性也有待提升,这也因此使得校园足球的发展受到了严重的制约。

（二）城乡差异显著

各地足球运动的开展情况与发展水平与当地的经济发展水平有很大的关系。我国经济发展存在地区差异,所以各地校园足球活动的开展水平也存在差异,经济发展好的地区投入大量的经费支持校园足球活动的开展,足球设施、足球师资都配备齐全,而经济发展落后的地区没有能力设立专项资金来支持校园足球的开展,也没有强大的资源去培养优秀的足球师资。我国发展校园足球,经济相对发达的城市地区是主力,而乡镇及农村地区受经济条件限制,为全国校园足球发展而做出的贡献很少。可见,中国校园足球活动的开展存在显著的城乡差异。

（三）校园足球竞赛体系及文化建设有待完善

现阶段,我国校园足球竞赛的组织不够合理、规范,足球联赛赛制单一,还没有形成完善的包含小学、中学、大学在内的连贯衔接的三级竞赛体系,参加足球联赛的学校相对较少,而且参赛队伍的实力良莠不齐,大大影响了联赛质量,也弱化了举办联赛的价值和真实意义。此外,校园足球比赛形式不够丰富,赛事活动组织得较少,校内比赛和校际联赛缺乏必要的沟通与联系,这些都是校园足球竞赛体系不完善的主要表现。

另外,我国中小学缺乏良好的足球运动氛围,尚未建立起完善的足球文化体系,甚至有些高校也是刚开展足球运动不久,还在创建足球文化的摸索阶段。在我国校园足球发展过程中,有些学校急功近利,大搞形式主义和面子工程,对足球活动质量及开展足球活动取得的效果却丝毫不在意,这与我国发展校园足球的初衷与目标是相偏离的。学校缺少良好的足球活动氛围还与家长的不支持有关,有些家长认为踢球会影响学习成绩,所以不允许学生踢球,因为缺少家长的支持,所以学生渐进远离足球,学校足球文化建设受到严重影响。

第二章

校园足球教学体系的建设

　　新时代推动足球运动的发展应建立在落实"立德树人"的工作中，树立"让每一个参与的学生接受完全的学校足球教育"的工作愿景；坚持普及与提高并举的工作路线；坚持科技与人文并存的工作思维；着力构建具有时代特征、育人特征的健康生态校园足球发展格局，建立完善的课程教学体系，是校园足球发展的必由之路。

第一节　确立校园足球教学理念

　　足球文化的传承与校园足球文化的营造对青少年的影响不言而喻，是我国在长期的校园足球活动工作中应该倡导和遵循的基本要求。当前，校园足球实践仍有违背核心理念现象，例如"足球操"或"足球舞""球性练习"等，都是背离核心理念的做法。这些练习不利于青少年了解、体验足球运动本质，会造成青少年对足球认识的偏差，不利于校园足球的健康发展。

一、校园足球执行理念

校园足球的执行理念是校园足球具体实践执行要遵循的基本准则，包括以体验、培养兴趣为根基，以享受足球快乐、情感及全面健康发展为前提，以游戏形式、内容组织活动为引领，以争取足球竞赛取胜为荣誉四个方面。校园足球要把体验足球运动、培养足球兴趣作为基本任务前提，吸引孩子走到足球场参与足球运动，逐渐形成足球兴趣和更深层次的足球情感。如何形成足球兴趣，很重要的一点是让青少年在足球运动中体验、享受足球运动所带来的快乐及自我情感发展，因此足球运动要保证足球运动参与者快乐是其基本情感。如何培养青少年兴趣，使其在享受足球运动中得到快乐与全面成长，从组织形式内容而言，就要以足球游戏、竞赛活动为主导，开展形式、内容等丰富多彩的足球活动，不断强化青少年足球参与快乐、情感体验及自我的全面发展。此外，以足球比赛争胜为荣誉，是利用青少年勇于争胜的自我与团队进取心理，提升个人足球技能，培养勇于拼搏的顽强意志和团队精神和凝聚力、责任感。

二、"普及"与"提高"相结合理念

（一）"普及"与"提高"的含义

足球运动的特殊发展规律决定了提高一个国家的足球综合水平需要以不断夯实青少年足球基础为根本要求。全国青少年校园足球活动明确提出扩大我国足球后备人才培养规模的目标，其重点是"普及"，主体在校内，从而明确了"普及"是开展校园足球活动的第一要务，"提高"是开展校园足球的必然要求。

"普及"具有社会群体性，存在的范围很广泛，具有普遍推广、使其大众化的意思。校园足球的普及价值主要表现在足球运动参与人口的范围、数量比例上的增加。从足球运动竞技层面讲，就是指足球后备人才基础的提高。校园足球活动的"普及"体现在两个方面：一个是普及足球的知识、技术和技能；二是青少年参与足球规模的扩容。

一直以来，我们对足球运动的理解是基于竞技运动的层面，即足球运动是为最大限度发掘和发挥人体本身在身体能力、心理能力和运动能力等方面的潜在力,为获取优异比赛成绩而进行的科学的、系统的训练和比赛。如果我们仅把足球运动理解为竞技层面,而把它直接迁移到校园足球领域,显然违背了校园足球活动的宗旨和内涵。按校园足球的角度理解足球运动,校园足球的参与人群是青少年,活动目的带有健身性与娱乐性,活动主体在校内,不局限于青少年运动水平的高低。这些特点决定了校园足球有别于竞技体育领域的足球运动。因此,对校园足球活动中"提高"的理解也不能与竞技足球运动混为一谈。校园足球的"提高"是基于"普及"基础上的提高,是指足球运动水平在原有程度上有进一步增长。而这种增长体现在足球知识、技术和技能、青少年足球后备人才培养规模以及足球相关专业培养的进一步扩大。

（二）"普及"与"提高"的关系

校园足球活动的开展应将"普及"与"提高"相结合,即应妥善处理好"普及"与"提高"的辩证关系。国外足球先进国家的经验告诉我们,夯实青少年足球基础,提高青少年足球的"普及"是提高一个国家足球水平的关键。世界公认的衡量一个国家足球水平高低的指标有两个:一是国家队在世界赛场的位置;二是拥有的足球人口。而足球人口的多少又与国家队的建设有直接关系。这在另一个层面描述出足球运动的持续发展需要解决融合的问题。显然,我国在这两个指标上未能达到作为一个体育大国所应该达到的水平。

要实现我国校园足球活动的可持续发展,首先要明确"普及"在校园足球活动中的核心地位。"普及"是校园足球活动的基石,而"提高"则是校园足球活动的必然要求,两者互为条件,是一个从量变到质变的过程。没有青少年足球人口的扩容,"提高"就无从谈起,更谈不上青少年足球后备人才的培养。我国足球在长期的发展过程中,各级各类国家队无不面临着无人可选、无人可用的尴尬境地,其根源在于我国对青少年足球普及工作的滞后与不作为。当前在全国范围内开展的青少年校园足球活动把"普及"作为核心工作,在"普及"的基础上谈"提高",在"提高"的基础上谈"发展",这正体现了体育、教育主管部门对提高我国足球运动水平的决心,一步一个脚印,坚持科学、可持续发展战略是实现我国足球运动竞技水平的必然路径。校园足球活动的"普及"与"提高"是一个事物的两个方面,两者互为条件、互相渗透,你中有我,我中有你。"普及"是校园足球开展的立足点,而"提高"则是校园足球开展的必然过程，只有将"普及"与"提高"相结合，遵循足球运动发展和青少年足球培养的客观规律，才能从根本上实现我国校园足球活动的科学、长效发展。

（三）"普及"与"提高"的价值取向

当前，在校园足球开展的过程当中，有很多人产生了对校园足球活动意义的误解，在基层中不乏急功近利，一味追求运动成绩的价值取向，把足球竞赛等同于校园足球活动，这显然是一种功利主义的价值取向，在开展校园足球活动中，必须树立正确的价值取向。普及足球知识、技术和技能，扩大足球人口，吸引更多的青年儿童参与足球，喜爱足球，以足球活动为载体发展学生身体、心理和社会能力，促进青少年儿童人格完整和人的全面发展是校园足球的核心价值取向，即校园足球活动价值取向的第一层次。提高青少年足球运动水平，培养青少年足球后备人才，提高足球竞技水平则是在普及基础上的一种升华，是开展校园足球活动价值取向的第二个层次。前者是后者的基础，后者是前者的递进。两者从价值层面来讲都是校园足球活动价值的一种衍生，具有递进性。任何一种倾向，都应基于校园足球的发展水平和本质属性。因此，明确"普及"与"提高"对于校园足球活动的价值，厘清其价值取向，对于校园足球活动在基层的开展具有重要意义。

三、以培养人格健全和全面发展的人为理念

（1）培养人格健全和全面发展的人是校园足球活动的基本要求。如果把足球运动与人的全面发展相结合，校园足球活动可以作为培养健全人格和全面发展的人的有效载体，其承载的不仅是国人对于足球腾飞的中国梦，还承载着教育、培养一代合格社会主义建设接班人的重要职责。

（2）校园足球活动是培养全面发展的人的重要途径。校园足球活动无疑具有教育价值，主要体现在对学生身体、心理以及社会的发展具有积极的促进作用。培养全面发展的人不仅是素质教育的基本要求，而且已成为我国人才培养的重要标准。

校园足球活动是一种教育活动，也是一种育体、育心的手段。国家教育和体育主管部门对于全国校园足球活动的重视绝不仅仅是为了提高我国的竞技足球水平,而是意识到了校园足球活动对于健全青少年人格,培养全面发展的人的重要价值。因此,校园足球活动是学校贯彻素质教育,培养全面发展的人的重要途径,不仅对体育系统具有积极的意义,对教育系统来说在深化教育改革等方面同样起到了助推器的作用。

四、树立科学教育理念

(一)科学教育理念

1.创新教育理念

创新教育是创新型社会下的产物,以培养创新型人才为宗旨。创新教育理念的产生是教育发展的必然结果,是当代世界形势发展的必然要求。

现阶段,世界各国都非常重视创新教育,创新人才作为重要的人力资源将决定未来社会走向。创新教育理念要求全面培养学生的智慧品质、个性品质,培养学生主体的创造精神,并在教育的整个过程中落实培养工作,完成人才培养任务。

2.终身教育理念

终身教育理念的观点是人的一生都要不断学习,只有不断学习,不断提高自己,充实自己,完善自己,才能不断满足社会发展的需求,适应社会的发展变化。终身学习是现代学习化社会的重要理念,对人才的发展、社会的建设起着重要作用。

随着社会的不断发展,知识快速更新,要求人们不断完善自己的知识库,学习新知识,这是终身教育理念产生的一个必要性。可以说终身教育理念是社会发展到一定阶段的产物和现象。终身教育理念的形成和社会发展有关,是多种社会因素共同作用的结果。社会发展和教育自身发展共同推动了终身教育理念的产生。

终身教育建立在"学会认知、学会做事、学会共同生活和学会生存"四个支柱上。实施终身教育需要"整体参与",而不是在某个单一教育环境下就能完成的。另外,还必须加强社会各部门之间的联系,从而顺利实施终身教育。终身教育理念在体育教学领域的运用促进了终身体育教育观念的产生,终身体育教育观念对体育教学产生了重要的影响。

3.多元智能理论

传统智能理论认为智能是以语言能力和逻辑能力为核心,以整合的方式存在的一种能力。这是片面的观点,其实智能是多元的,智能的构成因素有很多,包括语言智能(言语)、节奏智能(音乐)、数理智能(逻辑)、空间智能(视觉)、动觉智能(身体)、自省智能(自知)、交流智能(交往)、自然智能、认识和适应世界的智能等。这些智能因素相对独立,发展规律各不相同,但又相互联系,相互作用。正常条件下,任何一种智能的发展都需要适当的外界刺激和个体自身的努力。

多元智能理论对教育的影响主要表现如下:

(1)教学观方面。多元智能理论提倡教学应遵循因材施教原则,考虑每位学生的智能特点,进行针对性、个性化教学,使每位学生都能发展、进步。

(2)学生观方面。多元智能理论强调学生要积极主动学习。每个人都有很多种智能,但每个人表现智能的组合方式有差异,而且智能的发挥程度不同。学生要善于发现和发挥自己的智能优势。而教育则应该以学生为中心,在适应学生特点的基础上组织教学,促进学生智能的全面发展。

(3)评价观方面。通过评价可以直观反映教育效果。多元智能理论主张评价方式的多元性,对教育过程和结果进行全面多元的评价。

(二)现代科学教育理念对足球课程教学的启示

1.培养学生的足球兴趣和终身体育意识

在足球教学中,要不断激发学生参与足球的兴趣,培养学生的终身体育意识。在现代教育理念指导下,足球教学应在传授知识与技能的基础上积极激励学生自主学习。通过自主学习而产生运动兴趣,从而更主动地参与校园足球活动,为其终身参与体育运动奠定良好的基础。

2.关注学生的主体性

足球教师在教学中应以学生为中心,重视学生的主体地位。传统足球教学模式中,学生处于被动学习状态,老师单方面灌输知识,不重视学生的感受和体验,容易使学生产生厌倦感。新的教育理念要求在足球教学中关注学生的全面发展、情感体验,整个教学过程都要从促进学生全面发展的角度出发,突出学生的主体地位,激发学生的学习积极性。

3. 因材施教

在足球教学中关注学生个体差异,了解不同学生的需要,满足学生的不同要求,使足球教学符合学生的学习特点和学习规律。在校园足球教学中,要坚持因材施教原则,采取不同的教学方法来促进不同智力水平的学生的发展。

4. 构建和谐师生关系

建立和谐师生关系,加强师生合作与交流,这是现代教育理念下足球课程教学的基本要求。师生之间平等的交流、民主的沟通、密切的合作有助于提升足球课堂教学效率,真正体现学生的主体地位,发挥学生的主观能动性,提高学生的个人能力。

5. 加强创新教学

足球教学要与时俱进,不断创新,包括足球教学观念、教学理论、教学方法、技战术教学等多方面的创新,以创新来推动校园足球发展。

五、树立"以人为本"的理念

发展校园足球必须树立"以人为本"的科学理念,并通过下列几方面践行这一理念。

第一,充分认识"校园足球的根本目的是育人"这一客观事实,在不影响学生学业成绩的同时,以足球锻炼为手段,增强学生体质,选拔与培养青少年足球人才。

第二,实施校园足球工程,必须坚持"以人为本"的核心原则,其中"人"指的是与校园足球相关的所有群体,如学生、足球教练员、管理人员以及学生家长等,其中青少年学生居于核心地位的。发展校园足球,要尊重学生及其他相关人员的意愿,要维护相关群体的利益。

第三,普及校园足球,这是开展校园足球工程的一项重点工作。"要推进校园足球普及,夯实国家足球事业人才基础"。通过普及校园足球运动,扩大校园人口规模,保障青少年学生参与足球运动的权利。只有校园足球参与者的数量增加了,校园足球的发展才有发生质变的可能,这是量变引起质变理论的体现,也是校园足球的发展规律。[①]

第二节　遵循校园足球教学原则

一、身心协调发展原则

立德树人是教育的根本任务,所以足球教学过程必须坚持贯彻身心协调发展原则,培养德智体美劳全面发展的人。要坚持身心协调,就不应将教学重点仅仅放在学生身体层面,更应当关注学生的心理层面,帮助学生形成健全的人格与良好的社会适应能力。我们既要促进学生身体形态的改变和身体技能的提升,又要对学生的心理、情感、意志品质等产生良好的正迁移和影响。足球是一项多人参加的需相互配合的运动项目,在运动的过程中要促进学生身心全面发展,教师需做到以下三个方面。

(1)教师在指导学生的体育学习时,要注意学习内容的全面性,避免单从兴趣出发,喜欢什么就只学(练)什么的倾向,要使学生了解身体健康成长与全面发展的需要,以及为下一阶段体育学习打基础做准备的重要性。

(2)教师在选择内容和方法时,要注意多样化,在教学实践中要充分开发教学内容的德育、智育、美育的多种价值,能使学生在愉快的体育学习中得到全面发展。

(3)教学评价有多元性,在体育教学评价时,教师和学生应从身心发展的多元角度去评价教与学的质量。

二、主体性原则

一个良好的教学氛围必定是民主平等的,民主平等的师生关系有利

---

① 王志华,向勇.我国校园足球可持续发展的现实困境与路径选择[J].体育文化导刊,2019(2):101-105.

于教学活动的顺利开展,同时也有利于教师和学生在教学活动中充分感受到自己的主体地位。在具体的足球教学中,体育教师要关注每一名学生,进行针对性的教学,建立平等民主的师生关系。

三、巩固提高原则

巩固提高是指学生牢固地掌握体育知识、技术与技能,不断发展体能,增强体质,在此基础上不断提高,并在实践中熟练地加以运用。一种技术、技能的巩固和提高,有助于其他技术、技能的巩固和提高,还能为学习新技术、新技能创造良好条件。各种身体素质和机体工作能力的水平也要不断巩固和提高,如果长期中断练习,将会导致身体素质与机体工作能力的下降。贯彻巩固提高原则应注意以下两点。

(1)组织学生进行反复、经常地练习。为了减少动力定型的消退对技术动作造成的不良影响,可通过反复地练习,保持对大脑皮层的刺激,以达到巩固技术动作的目的。例如,水平二(三、四年级)的脚内侧传接球教学,要以单元教学形式进行,单元的课次不少于三节,课次之间的间隔不要超过一周。

(2)采用提问、测验、考查及考试等方式。提问、测验、考查及考试的方式能加强学生对所学运动技术动作的印象,同时也是二次学习的过程,对巩固和提高学生技术动作有很好帮助。

四、区别对待原则

由于每一名运动员都是不同的,在身体、性别、年龄、运动基础等方面都存在着较大的差异,因此,就需要对运动员进行针对性的训练,在具体的运动训练中,训练任务的确定,训练方法、手段的选择以及运动负荷的安排等也都要有针对性,要对所有的运动员进行区别对待教学,依据每一名运动员的具体实际安排教学与训练。

由于运动员之间存在着明显的个体差异,即便采用同样的训练方法,运动员的适应程度也是不一样的,取得的训练效果也不同。有的运动员适合该训练方法,那么取得的训练效果就会较为理想;而不适应该训练方法的运动员,不仅不会取得理想的训练效果,还可能产生其他消极反应。因此,这就要求根据运动员的年龄、性别、健康状况、运动水平等不同情况合理地确定训练手段和运动负荷。

足球运动训练的整个过程呈现出不断发展变化的趋势。对于不同的运动员来说,他们的训练产生效果的时间是有所差别的,有的运动员在训练初期就会有突飞猛进的进展,有的运动员在训练初期进展不大,但是到了某一阶段,进展就开始加快;有的运动员在某一运动素质上的训练效果理想,在其他运动素质上的训练效果却差强人意,而有些运动员则在其他运动素质上有特殊的发挥;也有些运动员适应的运动负荷比较大,而有的运动员则不能适应等。因此,这就要求在训练中要做到区别对待,促进每一名运动员的全面发展。

贯彻区别对待原则,运动员在训练过程中应注意以下几点。

(1)教练员要细致地了解与掌握运动员的实际情况,对其总体情况进行深入研究与分析,然后采取相应的训练措施与手段。

(2)要根据运动员的实际情况事先制订合理的训练计划。这就需要教练演首先对运动员的具体情况进行深入了解,然后对全训练队的特点和运动员个人的特点都有充分的了解,在满足全队要求和个人要求的同时进行相应的运动训练。

五、合理安排运动负荷原则

在教学中合理安排运动负荷是指根据教学任务、教材特点、学生实际情况和教学条件,使学生身体承受一定的运动负荷,并使之与身体休息合理地交替,以便更好地掌握技术、技能,有效地发展体能,增强体质。

"量"和"强度"要处理适当,"强度"过大则"量"就要减少,"强度"适中则"量"可以加大,要以学生能够承受得了疲劳为度。同时,动作的质量对运动负荷的大小有一定关系。应在保证动作质量的前提下,合理地安排适宜的运动负荷。贯彻合理安排运动负荷原则应注意以下六点。

(1)根据学生的个体差异合理安排。学生有高矮胖瘦之分,身体素质必然存在一定的差异,如果为他们制定统一的标准或要求,必然会造成部分学生身体负荷过小而部分学生负荷过大。教师在制定教案时应有预案,在实施过程中根据学生个体差异区别对待。

(2)依据人体生理机能活动变化规律安排。合理安排体育教学的运动负荷,应根据人体生理机能活动变化规律来安排,运动负荷应由小到大,逐渐增加,并以大、中、小负荷合理地交替。在课程结束阶段,应逐步降低运动负荷,直至学生身体恢复到相对平静状态。教师在备课中要周密地安排运动负荷,预计学生和机动运动能力变化曲线,而且在上课的过程中还要仔细观察学生,通过学生的表情及完成动作的质量、动作的准确性、控制身体的能力、做练习的积极性等方面来判断运动负荷是否合理。另外,还可以通过测定学生的脉搏来判断运动负荷是否适宜。在教学中,可以通过改变教学内容、重复次数以及练习的顺序和组合,延长或缩短练习时间、练习之间间隔时间等来对运动负荷进行合理的调节。

(3)根据学生心理活动的变化规律合理安排。根据人体生理特点,学生的注意力在课程前半部分最集中,可将负荷大的内容安排在课的前半部分,有利于学生掌握技术动作,并可防止因注意力分散而受伤。

(4)根据季节、气候的变化合理安排。因为足球课程是在室外进行的,受季节、气候影响很大,因此要根据实际情况进行运动负荷的调控。夏季炎热,应适当降低运动的强度与密度,冬季寒冷,学生肌肉粘滞性较高,安排运动负荷应由小到大,过渡要平缓,不可突然加大负荷,防止受伤。

(5)根据体育课的不同类型合理安排。体育课有着不同的类型,如新授课、复习课、探究学习课、测验课、考核课等,不同的课程类型对运动负荷有着不同的要求。如处在单元前段的新授课和处在单元后段的复习课的运动负荷就显然不同,体育课的班级教学与自主教学的运动负荷有区别,活动课与展示课的运动负荷也不一样等,均应合理安排。

(6)根据场地、器材的合理安排。每所学校在体育场地及器材上的具体情况各不相同,这就需要教师开动脑筋,最大限度地提高场地及器材的利用率,多采用分组活动、分散活动或循环练习等形式,从而加大学生的练习密度。

六、循序渐进原则

循序渐进原则是指教学的内容、方法和运动负荷的安排,要由易到难、由简到繁逐步深化,不断提高。生理科学实验证明,机体从相对安静状态到进入工作状态,对外界环境的适应与工作效率的提高,都有一个逐步变化的过程。违背这一原则,就会给学生学习带来困难,影响教学效果,甚至会损害学生身体健康。但教学内容、方法的易和难、简和繁、浅和深都是相对的,因对象和条件的不同而要有一定的改变。

足球教学中,教师应以动作技能形成的规律和阶段性特点来组织教学,在认知定向阶段(泛化阶段)、巩固提高阶段(分化阶段)、熟练阶段(自动化阶段)采取不同的方法和手段进行教学,从而使学生在不同阶段都有所收获。

七、对抗性原则

(1)深入研究足球规律。在足球运动教学中,教师要对足球运动攻守对抗和转化的规律进行深入研究,明晰进攻和防守这对矛盾双方的关系,从而辩证地安排教学。

(2)正确处理攻守关系。教师在对足球课程教学进度和课时计划进行设计时,要恰当处理进攻和防守教学内容的关系,尽可能使攻守内容同时出现,使学生全面掌握相关内容。

(3)安排综合性的练习。教师在进行教学设计时,要尽可能安排综合性的练习,用防守制约进攻,提高学生的进攻技术水平;用进攻制约防守,提高学生的防守技术水平。

第三节　掌握与创新校园足球教学方法

一、校园足球教学方法选用的原则

校园足球教学方法众多,在足球课上选用什么样的教学方法直接影响课堂教学效果,影响教学目标的实现。因此不能盲目选用教学方法,而要有科学依据,要遵守科学的规则去选用恰当的教学方法。具体来说,选用足球教学方法要遵循下列原则。

(一)根据教学目的与任务选用

在足球教学的不同阶段,教学目的、教学任务有所差异,在同一阶段的足球教学中,不同足球课的课堂教学目标和教学任务也有所不同。对足球教学方法的选用要以足球教学目的和教学任务为依据,根据不同的教学目的与任务而选用具有针对性和实用性的不同教法,实现教学目的、教学任务、教学内容、教学方法的统一,整体提升课堂教学效率和教学质量。例如,在足球新授课上,要以语言教学法、直观示范教学法、直观演示教学法为主,从而以简化繁,使学生更好掌握足球动作要领。在足球练习课和复习课上,以比赛法、练习法等教学方法为主,以达到巩固技能和提升技能水平的教学目的。

此外,在足球单元教学中,前段课为培养学生的足球兴趣,主要采用游戏法、发现法来教学,在后段课为了对学生的自主学习能力进行培养,应主要采用小群体教学法、比赛法等方法展开教学。

（二）根据学生实际情况选用

在足球教学中采用何种教学方法,要着眼于学生的实际,根据学生的体能与技能基础、生理特点和心理特点而选择适当的教学方法。足球教师考察学生的实际情况时,包括对年龄、智力、能力、身心发育情况、学习兴趣与态度等多方面的考察,然后做出恰当的选择,只有如此,才能体现方法的适应性原则,才能发挥教学方法的作用。

（三）根据教学方法的属性选用

任何教学方法都不是万能的,都会受适应范围和使用条件的限制,因此有必要了解各种教学方法的局限性,因时而动,把握时机,掌握分寸。这就要求足球教师从各种教学方法的适用范围、教育功能、使用条件、优劣势等属性出发,审时度势,灵活应用。

由于不同的教学方法有各自的优势和不足,能够产生不同的运用效果,因此要根据教学需要而对各种方法进行优化整合及运用,优化模式参考图2-1。

各种教学方法功能、特点分析

各教学阶段任务、特点　　　　教学人群特点分析

认知阶段　联结阶段　自动化阶段　　　生理特点　心理特点

教学方法的选择与组合

教学练习方法

技术教学方法

理论教学方法

分析原因　　理论教学

技术教学

发现问题　　学生练习

下一单元教学

方案效果评价

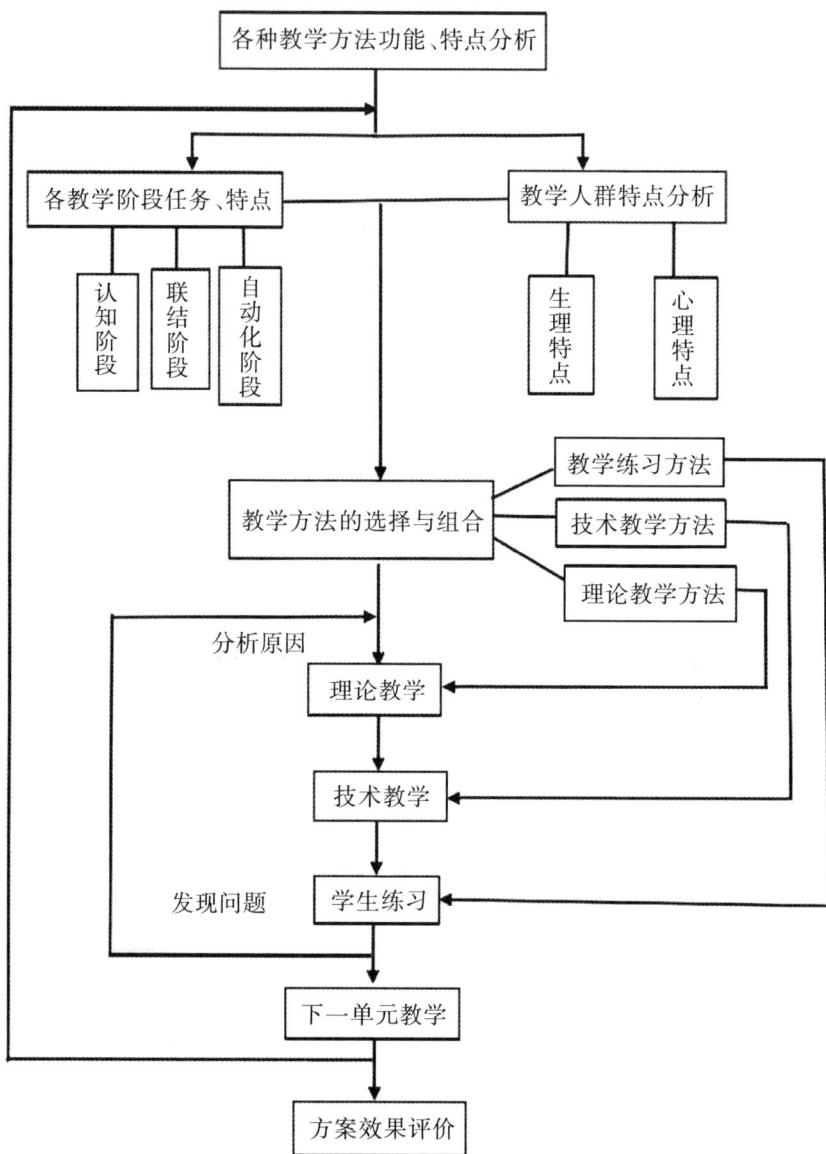

图 2-1　足球教学方法优化模式 [①]

① 张建龙，王炜.体育教学方法优化组合的依据、原则与程序 [J].新西部（下半月），2009（5）.

二、校园足球教学中的常用方法

体育教学方法包括以体育教师为主的教法和以学生为主的学练法，二者构成了完整的体育教学方法体系（图 2-2）。

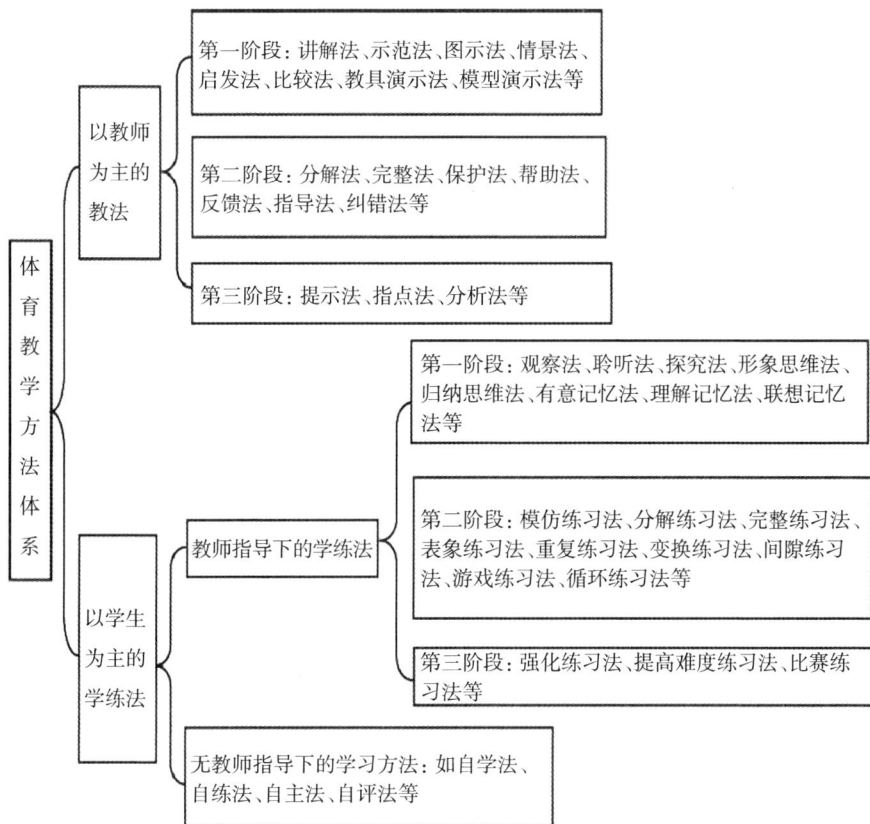

图 2-2　体育教学方法体系①

（一）教法

足球教法的实施主体是足球教师，足球教师要从学生身心特点出发选择科学的、可操作的、能够实现特定教学目标的教法来传授教学内容。足球教法与学练法中，以教法为主导，这是由足球教师在足球教学

---

① 龚正伟.体育教学新论[M].长沙：湖南师范大学出版社，2012.

中的主导地位所决定的。以足球教师为主的足球教法主要有以下几种。

1. 语言法

在校园足球教学中,足球教师运用生动形象的语言来启发和指导学生学习足球知识和技能,以满足教学要求、达到教学目的,这就是语言法。学生在足球课上学习知识和技能,不仅需要完成身体活动,还需要运用智力和非智力因素,因此足球教师要用恰当的语言来启发学生、鼓励学生,用准确的语言讲解动作要领,在不同教学情境下运用不同的语言使学生集中注意力去学习,获得良好的课堂体验。

2. 直观法

足球教师运用直观方式作用于学生的感觉器官,引起学生感知的教法就是直观法。直观法是足球教学中非常重要的教学方法之一,通常与语言法结合起来运用。教师采用直观法教学时,要求感情充沛、精神专注、动作准确优美,并配合生动的语言讲解,同时还要态度和蔼,有耐心,使学生在教师的感染下产生学习热情,在教师的耐心引导下更有自信掌握好足球技术动作。

3. 完整与分解法

完整与分解法在足球教学中的运用也很频繁。对于比较简单的足球动作,或者在以培养学生完整动作概念为主要目的的教学中,教师可以完整连续、连贯流畅地完成整个动作,中途不停顿。

学生建立完整的动作结构后,为了使学生准确掌握动作,应对完整动作进行合理分段,分成几个连续的部分来逐一教学,学生掌握各部分动作后,再连贯完成整个动作,以提高学习效率,把握好动作结构之间的内在联系。

(二)学练法

学练法包括学习法和练习法,学习法和练习法是密不可分的。下面简单介绍几种常用的足球练习方法。

1. 重复练习法

学生在相对固定的条件下反复练习一种足球技术,以达到熟练和巩固的效果,这就是重复练习法。

2. 循环练习法

从练习目的出发,将若干练习点和练习手段确定下来,学生按顺序、路线和要求依次循环完成各个练习点,以不断熟练练习内容,巩固练习效果。

3. 游戏练习法

足球教师编排一些足球游戏,使学生分组进行对抗性游戏练习,或者设计一些个人游戏,使学生自主练习,以活跃课堂氛围,培养学生的足球兴趣和练习积极性。

三、校园足球教学方法选用示例

小学阶段时间跨度大,学生身心发展差别也较大,因此这里选用小学足球教学方法分三个阶段来探讨校园足球教学方法的应用。

（一）小学一、二年级教学方法选用

小学一、二年级的学生对课堂常规比较陌生,上课时好动,难以维持课堂纪律。而且除了好奇心和模仿能力较强外,其他各方面能力都处于初始阶段,缺乏主动参与、合作学习的能力,因此适合采用语言法、直观法和其他有趣的游戏方法进行教学。

（二）小学三、四年级教学方法选用

小学三、四年级的学生形成了清晰的课堂概念,好奇心和模仿能力同样很强,对足球活动也形成了基本的感性认识,但因为不熟练技能,经常做出违背运动规律的自创动作,因此必须加以规范和纠正,并提供安全保障。对此,教师应选用语言法、完整与分解法等教法来教授正确技能,提高学生的足球运动能力。

（三）小学五、六年级教学方法选用

小学五、六年级的学生生理和心理上较之前明显成熟,他们思维敏捷、善于观察、认识能力较强,而且模仿能力和好奇心依然比较强,经过几年的足球学习积累,具备基本的足球运动能力,有强烈的参与和表现欲望。针对这些特点,应注重进一步提升学生的技术能力,选用完整与分解法和重复、循环、游戏练习法,以巩固和提高其技术水平。

第四节　构建合理的校园足球教学评价体系

一、校园足球教学中教师教学的评价

（一）评价内容

在校园足球教学中,对教师的教学进行评价,主要是评定教师的工作完成情况,包括完成的数量、质量和工作价值。在教师教学的评价中,应重点对其专业素质和课堂教学组织情况展开评价。

1.专业素质评价

对足球教师的专业素质进行评价,主要包括下列三个方面的内容。

（1）职业道德。在职业道德方面,主要评价教师的敬业精神,评价教师是否尊重学生和热爱教育事业。

（2）教学能力。对足球教师的教学能力进行评价时,应着重评价以下能力。

第一,对足球教学内容的熟练程度。

第二,熟练掌握与灵活运用现代教育理论和先进教学方法的能力。

第三,体育教学基本技能。

第四,培养学生足球兴趣和终身体育意识与良好锻炼习惯的能力。

第五,运用现代教育技术对足球教学资源进行开发的能力等。

（3）教育科研能力。在教育科研能力的评价中,一方面要评价足球教师的学习能力,另一方面要评价其研究能力。

2. 课堂教学评价

评价足球课堂教学情况,应将发展性评价和结果性评价结合起来,目的是改进足球教师的教学工作,提高课堂教学效率和效果。具体评价过程中,要从课堂教学目标、课堂结构安排和组织、教学内容的适宜性、教学方法的合理性、师生互动情况、教学技巧运用情况及最终教学目标达成情况等多个方面着手展开。

对足球教师进行教学评价,既可以评价一节课的教学情况,也可以进行阶段性评价,还可以从整个课程的教学情况出发展开评价。评价足球教师教学活动的有效性,主要是看教学结果是否达成了教学目标,这主要从学生的学习结果中反映出来。此外,要重视对比性评价和过程性评价,即评价学生学习前后的差别及其在学习过程中的态度和进步情况,这些都能真实反映教师的教学情况。

(二)评价形式

在足球教师教学的评价中,要从足球课程要求和开展现状出发制定足球教师专业素质评价量表和足球教师课堂教学情况评价量表,展开定量评价,同时要结合学生评述和教师自身的评述来进行定性评价。

1. 教师专业素质评价形式

在这方面的评价主要采用定量评价、阶段评价、综合评价、自评、他评(专家、同行)等几种形式。

2. 课堂教学评价形式

在这方面的评价主要采用下列两种形式。

(1)即时性评价。这是一种教师自评的方式,在每次足球课结束后,教师简要评述本节课的情况,以总结为主。

(2)阶段性评价。阶段性评价以总体评价为主,评价主体可以是专家、同行,也可以是学生,每学期随即评价若干次,将定性评价和定量评价结合起来。定量评价以分析和对比学生的成绩为主要标准。

阶段性评价的结果要及时向评价对象反馈,并提出适宜的整改建议,为足球教师提供参考。

二、校园足球教学中学生学习的评价

（一）评价目的

在校园足球教学中主要出于以下几方面的目的而对学生学习进行评价。

第一，对学生的学习表现加以了解，清楚学生的学习情况与学习目标之间的差距。

第二，对学生在足球学习中遇到的问题加以了解，并分析原因，从而对教学过程加以改善。

第三，通过测验进行评价，使学生有机会展示自己的个性和足球运动水平，鼓励学生勇于表现自己。

第四，对学生的自我认识、自我反省和自我改进意识进行培养。

（二）评价内容

学生学习的评价内容包括三个方面，分别是侧重于侧向水平能力评价的技能性评价、素养性评价和侧重于纵向进步评价的发展性评价。

1. 技能性评价

技能性评价主要是评价学生的足球专项体能素质、足球技战术能力，评价时主要参考足球教学的运动参与目标、运动技能目标和健康目标。

2. 素养性评价

素养性评价主要是评价学生的道德和审美素质，主要参考的是足球教学中的心智健康目标和人文素养目标。具体评价内容包括学生的运动心理、团结协作意识与能力、社会责任感、对足球美学的认识与运用等。

3. 发展性评价

发展性评价属于动态性评价，以阶段性评价的形式展开，主要用于横向对比学生的进步情况。

（三）评价形式

从评价主体来看，评价形式主要有学生自评、学生之间互评以及以教师、家长为主体的他评。

从评价方式来看，既有定性评价（评语式），也有定量评价（分数等级式），既有即实性评价，也有阶段性评价。

第五节　科学组织与实施校园足球教学活动

一、校园足球课程实施的途径

课程设计方案可以理解为是静态的，而课程的实施则是一个动态的过程，它是将方案付诸实际行动的过程。首先需要考虑的是实施的途径。校园足球课程的实施并不只是包括课堂教学，还包括大课间、课余体育训练等很多其他途径。接下来对上述几种校园足球课程实施的途径进行简单的介绍。

（一）课堂教学

课堂教学是实施校园足球课程最重要的途径，也是校园足球课程实施的主阵地。所有课程设计方案，其出发点都是要为学生提供更好的学习机会，以便教师能够在教学实践活动中达到预期的课程目标。其中，教师的"教"和学生的"学"是以课程实施为媒介或纽带而开展互动的，这便是教学活动。教学活动中首先涉及的就是课堂教学，接下来从课堂教学与课程教学计划以及对课堂教学的思考两个方面来进行简单的介绍。

1. 课堂教学与课程教学计划

课堂教学与课程教学计划中的课时教学计划是相对应的，课堂教学是对课时教学计划的具体操作。然而，在实际的教学活动过程中会出现许多不确定的影响因素。每个优秀的教师应该学会根据教学的实际情况做到灵活应对。例如,教师在课堂教学过程中按照计划组织教学时,由于不同班级学生存在差异,可能相同的内容在一个班上的效果很好,而另一个班呈现的效果则并未能达到预期。这就需要教师在教学过程中,根据实际情况进行调整,而不是一味盲目地执行计划方案。因此,教师在面对课堂教学和课时教学计划有冲突时,要能够做到根据实际教学情境的变化而进行灵活、合理、有效的调整,这样才使得课程的实施有价值、更高效。

2. 对课堂教学的思考

校园足球课程深入、广泛的开展,必须要以越来越多学生对足球的喜欢为基础。这不仅仅要设计好校园足球课程,更要实施好课程,也就是要上好足球课。因此,作为教师应该认真思考以下几点。

第一,根据教学实际情况,灵活运用教学技巧。

教与学的互动是课堂教学的主内容,它既是一门科学,又是一门艺术。作为教师要努力加强自身的专业素养,能够积极推动课堂教学的进行。在课堂教学中采用灵活巧妙的方式来进行教学活动,这样才能创造高效的课堂。课堂教学的技巧是多种多样的,方法不一,教师在真正的课堂教学中必须根据课堂的实际情况来灵活处理,运用教学智慧与经验尽量能够因势利导。总之,课堂教学要以激发学生学习兴趣和积极性为主,以灵活、适宜的教学技巧调动学生投入到学习中来,以保证课堂教学计划顺利完成,进而取得最佳的课堂教学效果。下面列举了几种教学技巧,以供教师在教学实践中参考。

(1)声音控制法。是指教师通过语调、音量、节奏和速度的变化,来吸引和控制学生的注意力。例如,当教师从一种讲话速度变到另一种速度时,可以将学生分散的注意力重新集中起来。在讲解中适当加大音量,也可以起到相同的作用。

(2)表情控制法。丰富的表情变化可以起到控制学生注意力的作用。教师的表情可以表达对学生的暗示、警告和提示,也可以表达期待、鼓励、探询、疑惑等情感。教师面部表情、头部动作、手势及身体的移动传递着丰富的信息,有助于增进师生间的交流,调控学生的注意力。

(3)目光注视法。教师的目光注视可以在学生中引起相关的心理效应,使之产生或亲近或疏远或尊重或反感的情绪,进而影响教学效果。因此,教师可以巧妙地运用目光注视来组织课堂教学。如开始上课时,教师用亲切的目光注视全体同学,使学生情绪安定下来,愉快地投入学习。再如,课上有学生注意力不集中,教师可以用目光注视提醒学生注意听讲。

(4)停顿吸引法。适当的停顿能够有效地吸引学生的注意力,可以产生明显的刺激对比效应。喧闹中突然出现的寂静,可以紧紧抓住学生的注意力。一般来说,停顿的时间以3秒左右为宜,这样的停顿足以引起学生的注意。停顿时间不可过长,长时间停顿反而会导致学生注意力涣散。

(5)情感暗示法。情感在课堂组织教学中发挥着动力的作用。如果学生对教师、对课堂缺乏情感,就不能有效地进行学习活动。因此,我们要善于运用各种教学手段,培养和引导学生产生积极向上的情感,使之在其中产生新的学习动机。

(6)短暂休息法。连续的操练之后,部分学生可能出现精神疲劳、注意力分散的现象。面对这种情况,教师的提醒或警示对学生注意力的长久保持已无济于事。这时,教师可以播放一段或唱一首歌曲,让学生放松片刻。这样,不但能消除学生的疲劳,活跃课堂气氛,而且可以增进师生间的感情。

(7)设疑吸引法。巧妙的设疑是课堂组织教学中的一种艺术方法。当学生注意力不集中时,教师可以设计一些疑问,让学生回答,以促进学生注意力的转移。在学生学习情绪低落时,利用疑问引起学生学习的兴趣,激发学生学习的积极性。它在教学中起着承上启下、充实教学内容的作用。但设疑需要教师精心设计,注重提问的思考价值。无目的地设疑会破坏教学设计的目标,影响学生思维。

(8)媒体变换法。在课堂教学中,单一的教学媒体容易引起学生疲劳和注意力分散,教学效果也容易受到影响。因此,教师根据需要适当变换教学媒体,通过图表、实物、幻灯、影视、电脑等多种媒体的交互使用,充分调动学生的各种感官去获取信息,不仅可以有效调控学生的注意力,加强学生对知识的感知度,而且有利于学生对知识的记忆、理解和应用,促进学生将知识向能力的转化。

(9)活动变换法。变换课堂活动方式可以有效调动和集中学生的注意力,提高课堂教学效率。课堂活动方式包括师生交流的方式、学生活动的方式和教学评价的方式等。在课堂教学中,教师应根据教学的需要适时变换一下课堂活动方式。例如,由教师讲变为学生讲,由机械操练变为交际操练,由集体听课变为小组讨论等。这些变化都会给学生以新鲜的刺激,强化学生的注意力,激发其参与的兴趣,进而达到提高教学质量的目的。

(10)竞赛刺激法。在学生学习情绪不佳、疲劳或学习积极性不高时,教师可根据教学内容,开展一些小型教学竞赛活动,如采取集体竞赛、小组竞赛、个人竞赛等,以调动学生的积极性,使学生的注意力高度集中,从而使学生跳出不良的学习状态,达到提高教学效果的目的。

(11)手势示意法。在课堂上,有的学生自控能力差,会交头接耳。面对这种情况,教师可以用双手向他们做出一个暂停的动作或将食指按住嘴唇做出安静的手势,以示意这部分学生保持安静或停止违纪行为。

在足球课堂教学中,教师合理运用课堂教学技巧能够有效地引导学生跟随教师的教学路径进行学习。这是教师对教学实际情境中细节的拿捏。同时,教师要形成自己的教学风格,需要在课堂教学中运用教学技巧时多思考、多尝试。

第二,在课堂教学过程中勤思考,做好教学记录。

教师在课堂教学过程中要学会勤于思考,能够在课堂教学过程中去发现问题和总结问题。例如,学生学习状态表现方面的问题、教学组织方面的问题、教师自身表现方面的问题等。在课堂教学之后,要及时进行教学反思,并且还要做好教学记录。教师在课堂教学过程中勤思考、做好教学记录既是提升自身教学能力的基础,又为后续反思调整或评价提供了参考资料。

(二)大课间活动

大课间体育活动同样是校园足球课程实施的途径之一,也是学校体育开展的重要组成部分。本部分就从大课间活动开展应注意的问题与大课间活动示例两方面来介绍大课间活动。

1.大课间活动开展应注意的问题

在大课间开展校园足球活动应面向全体学生,是在学生上课的间隙完成的,主要是让学生在轻松的环境中有序安全地锻炼。校园足球大课间活动在实施的过程中对校园足球文化的建设具有非常重要的意义。

(1)控制好时间安排。从学生离开教室到学生回教室,时间一般控制在 20~30 分钟。校园足球大课间活动中各部分的组织安排要确保在规定时间内完成。

（2）保证足够的运动负荷。校园足球大课间活动要有一定的运动负荷，要保证足够的运动强度与运动量，要保证学生既能从中学习足球的基本技术，又能锻炼身体。

（3）突出练习主题。校园足球大课间活动的设计要选择以脚为主的练习活动。

（4）做到有序退场。每次校园足球大课间活动结束以后，值日教师、班主任要组织学生有序退场，确保全体学生的安全。同时，回收放置好足球等器材。

（5）要列入本校体育教学工作计划。校园足球大课间活动作为校园足球课程的重要实施途径之一，不仅是增强学生身体素质的一种方式，也是对学校校园足球文化建设的延伸，还是学校特色传承的一种体现。因此，将校园足球大课间活动列入本校体育教学工作计划有非常重要的意义。

2. 大课间活动示例

为达到锻炼效果，在组织编排校园足球大课间活动时可融入足球中的基本技能。以下介绍一个校园足球大课间活动的示例。

（1）开始部分。入场，活力足球操。学生从教室出来后，右手抱球，在指定位置站好队，跟着音乐做足球操（根据足球项目特点以及学校和学生的实际情况创编而成）。设置这一部分内容主要目的是让学生充分活动身体，预防身体伤害，同时引导学生进入足球练习状态。

（2）准备部分。有球环形跑。一至二年级以班级为单位，在班主任的带领下右手抱球慢跑3分钟；三至六年级学生以班级为单位运球环形慢跑3分钟。这一部分主要是让学生熟悉球性，进一步热身，引导学生进入练习状态。

（3）基本部分。足球技术技能展示。这一部分包括三个环节，是针对不同水平阶段学生开发设计的。

环节一：全体学生统一做原地足球基本技术练习，包括揉球、脚内侧拨球和脚背正面颠球。

环节二：水平一（一、二年级）的学生分小组进行传接球练习；水平二（三、四年级）的学生加强原地控球技术练习，双脚拉球和双脚交替踩球；把水平三（五、六年级）的学生平均分开，在水平二的基础上做行进间的双脚拉球和双脚交替踩球练习。

环节三：水平一的学生进行原地控球、双脚拉球和双脚交替踩球练习；三年级学生做距离较短的"U"形踩球练习；四至六年级做环形踩球练习。

在环节设置上，运动强度较大的和运动强度较小的活动相互交替，前两个环节主要是技术练习，第三个环节是技能展示。

（4）结束部分。放松拉伸操。学生在足球练习和展示之后，在平缓的音乐中充分放松身体，拉伸肌肉，调整呼吸结束大课间活动。

（三）校园足球课余训练

校园足球课程实施的另一种途径就是课余训练。校园足球课余训练是学校利用课余时间对部分有一定足球运动特长的学生进行体育训练，培养足球运动技能，使他们的足球运动能力得以发展和提高的一个教育过程。校园足球课余训练主要是在学生完成正常文化课学习之余进行的基础性校园足球训练，具有业余性；从培养青少年足球后备人才的角度看，校园足球课余训练总体上进行的是足球基础训练，应符合少年儿童的生长发育特点并具有相对系统性（指训练的不间断性和相对专项性）。

学校通过课余训练发现、选拔和重点培养学生足球运动苗子，从而组建足球代表队，开展多种形式的集训、比赛和交流活动。

二、校园足球课程实施中的影响因素

校园足球课程实施中的影响因素主要是制约或影响校园足球课程实施最主要的参与因素。校园足球课程的实施既受校园足球课程发展外在条件或环境的影响，又受校园足球课程本身的影响。

（一）文化背景与校园足球课程实施

我们知道文化能够全方位、多角度影响人们的行为，浓厚的足球文化背景也能够对校园足球课程的实施有积极的影响。对于足球运动开展较好的地区，足球氛围会更加浓厚，足球运动普及性较好，接受度高，这样更易于校园足球课程的实施。例如，我国的"足球之乡"（吉林延边、广东梅州、辽宁大连），正是由于有浓厚的足球文化背景，才会形成良性循环。

(二)政治支持与校园足球课程实施

政治支持主要是指有关行政部门对校园足球课程实施的相关推动措施。政治支持是依存于政治诉求的,而校园足球课程的实施也成为一种政治诉求。大力发展校园足球活动,不仅在促进学生身体健康发育方面有着突出贡献,而且在培养学生正确价值观、磨砺意志品质方面发挥着积极的作用。

校园足球课程作为承载着校园足球活动教育任务的最主要形式,其推广和发展的客观基础,离不开党和国家在政治层面的重视及大力支持。近年来党和国家对校园足球活动的重视不断提升,从近年来党和国家相关部门出台的政策法规就可见一斑。也正是因为得到了政治支持,校园足球课程才能够不断深入地推进和开展。

(三)教师与校园足球课程实施

课程实施过程的主体当首推教师。尽管教师还有其他多方面的任务,但教师的首要任务是对课程的实施。可以说,课程实施的成败、质量首先取决于教师。在教师这一层面,影响校园足球课程实施的具体因素也是多方面的,但这里只探讨两个主要的方面。

1.教师在课程实施中的角色定位

综合当前我国新一轮基础教育课程改革的趋势、各种有关研究和我们的思考来看,在当前新课程实施中,教师的角色定位应该是多层次的。

(1)课程学习者。教师要做到能够顺利而有效地传递课程,一个前提是自己完全掌握了课程。而这要通过学习课程,对课程进行钻研。虽然教师都是经过专门训练的,具备了较广博的科学文化知识和专深的专业知识,但是对于自己所要教的课程,学习还是不可缺少。第一,教师先前的学习往往缺乏针对性,而现在要根据教学对象的实际情况来学习所教课程;第二,教师先前之所学往往是适应当时的情况的,而教师现在要向学生传递的课程则往往有许多新的知识,这些新的知识一般有不少对于教师来说是需要经过学习的,也就是说,教师需要经过更新自己的知识才能胜任对知识的传递;第三,教师先前所学的知识往往有许多被遗忘,因此在课程传递时,需要重新学习。特别是当实施的课程是新课程时,教师作为学习者的身份就尤为突出。

（2）课程领导者。在课程的整个运作过程中,都需要进行课程领导,课程实施环节也是如此。课程实施过程中的课程领导主要包括对课程实施活动的计划、组织、激励、协调、监督、保证等行为,这些行为也就是教师在教学活动过程中主导地位的体现。

（3）课程传递者。某种意义上说,课程实施的过程就是将课程传递给学生的过程,那么是谁将课程传递给学生的呢?显然是教师。将课程传递给学生,是通过学生的学习活动来体现的。教师的传递活动,用通常的说法就是教的活动,这种"教"主要是传授知识,指导学习活动,激发学习热情,与学生交流,辅导答疑等。教师对课程的传递,是对已经设计出来的课程的传递,而这里的课程既包括专家设计的课程,也包括教师自己设计的课程;既包括预先设计的课程,也包括一边设计一边传递的课程。

（4）课程构建者。教师实施课程,并不是简单地实施专家设计好的课程,而是要进行自己的建构。教师作为课程建构者主要表现为:第一,教师代表直接参与国家课程、地方课程的决策与设计;第二,教师是校本课程、班级课程、小组课程和个人课程等决策与设计的主体;第三,教师的整个教学工作和其他教育工作是所有课程的重要基础和来源。

（5）教育研究者。教师要顺利而有效地进行课程实施,就有必要自觉地进行课程探究,进而言之,课程的有效实施需要经过教师的整体教育研究。某种意义上来说,自觉的课程实施过程也就是教育研究过程。教育研究对教师来说具有多方面的作用:第一,研究活动促进自己教育水平的提升。教师通过研究自己的教育活动,可以发现和解决自己在教育实践中存在的问题,从而改进自己的教育行动,提高自己的教育活动水平,此即所谓"教研相长";第二,研究活动促进自己的专业发展。随着社会与教育实践的发展,教师专业的内容也在不断地发展、拓宽;第三,研究活动提升自己的价值。从事研究活动,能够使教师不仅仅在教学和教育生涯中体现自己的价值,而且在学术研究、学术创造、文化发展上体现自己的价值,使教师成为学者型的教师。同时,也需要注意几个问题,就是要以行为研究为主,以校本研究为主,在研究中加强合作。

教师在校园足球课程实施中角色的定位会直接影响其在教学过程中的行为表现。这是教师在课程实施过程中需要不断思考的问题。作为教师应该知道在校园足球课程实施过程中做到什么,怎么去做。

2.教师在课程实施中的基本取向

在课程实施中,教师对新课程的态度、对课程实施与课程决策和设计的看法是不同的,因此会出现各种不同的做法,这些态度、看法和做法构成课程实施的不同取向。被熟知的课程实施的基本取向有三种,即忠实取向、相互适应取向、课程创生取向。[①]

(1)忠实取向。课程实施的过程要"忠实"反映课程设计者的意图,以设计者所规定的教育目标、学习内容为基本目的,并力图按照设计中所规定的学习方式以及学习评价标准和方式来评价、要求学生的学习,而不能改变所设计好的课程。

(2)相互适应取向。不可能也不应该事先将课程完全确定,并规定精确的课程实施程序;课程设计完成之后,还要在实施过程中根据学校或班级实际情景不断地发生变化、不断地进行调整。课程实施的过程是设计者与实施者之间相互影响,相互改变对方的意图从而相互适应的过程。

(3)课程创生取向。课程是学生和教师的具体情境中的创造性教育体验。那些作为忠实取向和相互适应取向之核心,由外部创造的课程材料和计划好的教学策略,在这里被视为学生与教师用于建构他们的课堂经验的工具。这种取向在课程实施中是教师和学生都在参与课程的决策与实施,在创造自己的课程,而不再仅仅使用专家设计的课程。这种取向已经基本抛弃了课程,而只重视具体情境中学生与教师的实际经验。

这三种取向并不是完全固定,教师可以从这几种取向中积极思考,将多种思维运用到教学中。教师要重视对课程活动方案的设计,但又不可忽视方案实施中各种不确定因素造成的影响,应该根据实际情况而适当调整课程方案。

(四)学生与校园足球课程实施

由于校园足球课程最终服务的对象是学生,因此学生是课程实施过

---

① 丁念金.试论我国基础教育课程决策机制的转变[J].课程·教材·教法,2001(5):5.

程中不可忽视的重要因素,它是课程实施过程中需要特别关注的另一主体,校园足球课程实施最终目的是更好地服务于学生的发展。同时,学生的差异性也是课程实施中的影响因素之一。差异性并不是指各年龄阶段学生的差异,而是不同班级学生的差异。他们在学习氛围、学习行为、课堂表现等诸多方面表现出差别。同样值得注意的就是班级内学生个体的差异和男女生性别的差异。这些都是课程实施过程中不可忽视的影响因素。

（五）教学媒体与校园足球课程实施

教学媒体主要是指呈现教学内容的载体,是教学过程中教师和学生互动的手段。教学媒体的选用是否恰当,直接影响校园足球课程的实施过程及课程质量。

（六）社会环境与校园足球课程实施

校园足球课程实施过程需要外部环境或条件的支持。下面主要从学校环境、家长态度、群众基础等三个方面来进行说明。

1. 学校环境

学校环境主要是指学校的校园足球师资与场地器材条件等方面情况。从我国目前的情况来看校园足球教师或教练还比较短缺,并且在足球专业教学与训练技能方面还比较薄弱。

此外,虽然在党和国家对校园足球活动的持续关注与支持下,一批校园足球特色学校已建立起来,但仍有很多偏远学校在场地、器材等客观条件上还达不到相关要求。

2. 家长态度

家长态度主要是指家长对孩子进行足球学习与训练的态度。目前还有一部分家长对此持反对态度。

其主要原因可分为以下两方面。

（1）家长过分看重文化课考试成绩,认为体育活动或娱乐不能占用孩子的学习时间和精力。

（2）家长担心孩子在足球运动中受伤或出现其他意外。

如果家长对待学习与训练足球持消极态度,在一定程度上也就影响校园足球课程的开展与实施。

3. 群众基础

群众基础主要是指社会中喜爱足球运动的人民群众。足球群众基础的广泛与否直接影响本国职业足球水平的提升与民间足球活动的开展。

我国的足球运动爱好者数量越来越多,广泛的群众基础将为校园足球课程开展创造良好的社会外部条件。

第三章

校园足球训练体系的建设

　　校园足球的教学与训练是针对学生开展的以提高他们足球运动技战术能力的专门性教学训练活动。为了能够客观、准确地了解学生接受足球教学与训练的效果,对它的测量与评价就成为必不可少的环节。目前,多方面的科学技术植入足球训练中,提高了足球训练的整体水平,使足球训练趋于科学化。

第一节　把握校园足球训练的发展规律

一、由"儿童"向"成人"过渡

　　青少年时期是从"儿童"向"成人"过渡的重要时期。一方面,青少年身上仍然保留儿童时期"幼稚"的特点,比如情绪变化快、自控能力差等;另一方面,青少年身上也开始出现像成人一样的"成熟"特点,比如在面对事情时希望有更多的自主和决定权,希望以比较平等的姿态和大人进行交流,厌烦大人的过度干涉等。

二、智力高度发展

青少年的思维能力已经发展到一定的程度,能够对大部分的事情,包括比较复杂、抽象的事情进行思考和分析。同时,青少年阶段是人们观察能力和记忆能力的巅峰时期,青少年的学习能力和对新鲜事物的接受能力都非常强。

但是由于青少年尚未发育成熟,所以其思维能力仍旧存在不足之处。比如对事物的分辨能力不强,容易被事物的表面现象所蒙蔽,不易发觉事物的本质等。应该注意在青少年的发展过程中对其进行正确的引导,以免其受到不良事物或者不良思想的影响。

三、进入第二反抗期

人在生长发育的过程中一般会经历两个反抗期,第一个反抗期出现在 3 ~ 4 岁这一阶段,表现为开始学会拒绝家长,希望“我自己来”,第二个反抗期则为青少年时期。青少年时期也被称为“叛逆期”,青少年在这个阶段开始认识到父母的不足,希望摆脱父母的管教,抗拒和父母长时间相处,希望自己的事情能够由自己做主决定等。青少年时期出现的各种“叛逆”表现,也被人们称为“心理断乳”。

四、出现性心理

青少年时期也是人们性意识觉醒的时期,这个阶段青少年的第二性征已经发育出来,青少年初步具有性意识和性冲动。青少年时期的男生、女生对异性会产生一定的向往,会对性知识产生一定的好奇,可能会出现性幻想等行为。一定要对这个时期的青少年进行正确的性引导,以防止其产生不正确的性思想和性行为。

五、对自己的关注增多

随着认知的发展和各种意识的觉醒,青少年对自身的关注度不断提升。一方面,青少年会关注自己的外表,希望自己的衣着打扮能够跟上时尚潮流并突出自己的个性,希望能用外表吸引别人的注意;另一方面,青少年也开始关注自身的内在,进行自我评价并重视别人对自己的评价,希望能够获得别人的认可。

六、青少年时期是理想形成的关键时期

青少年时期是树立理想的关键时期。一方面,青少年已经达到一定的成熟程度,开始对自己的人生进行思考;另一方面,青少年处于精力充沛、思维活跃、热爱挑战的精神状态中,为其树立理想做好了思想上的准备。青少年树立的理想包括学业理想、事业理想、家庭生活理想等,教师和家长应该在青少年的成长过程中做好引导工作,帮助青少年树立正确、合理的理想目标。

七、重视榜样的作用

重视榜样的示范作用是青少年心理发展的一个重要特点,青少年会在自我发展需要的驱使之下,一方面借鉴榜样的发展经验,另一方面学习榜样的品德和意志,还有可能将榜样的发展道路作为自己的前进方向。在这个过程中最重要的是,青少年需要寻找一个合适的榜样,以免在不合适的"榜样"的引导之下误入歧途。

第二节　遵循校园足球训练的原则

"原则"一词在《现代汉语词典》(第7版)中解释为:"说话或行事所依据的法则或标准。"教学原则就是依据教学过程的客观规律制定的教学工作所必须遵循的基本准则和基本要求。教育学中的教学原则对体育教学有直接的指导作用,在足球教学中正确贯彻以下的教学原则对教学效果有直接的影响。

一、长期性、系统性和具体性

要想培养出一流的足球运动员必须认识到足球人才训练是一个长期、系统、具体的过程，必须根据青少年成长发展的规律，制定出多年训练计划，才可能开展有针对性的训练。青少年球员的成长过程可以被划分为不同的层次，课时结构、训练课程安排需要与不同层次、不同年龄阶段青少年的身心特点相适应。

在此过程中，需要秉承如下训练理念。

（1）针对 11 岁以下的孩子，足球训练多采用游戏、娱乐、竞赛的方式，重在提升孩子的兴趣。

（2）针对 11 ~ 15 岁的孩子，重在培养孩子的技术能力，因为此阶段是技术形成的黄金期，孩子必须熟练掌握各项技术，保证技术动作的全面性、正确性，并开始进行战术素养的培养。

（3）针对 15 ~ 17 岁的孩子，重在培养其在激烈比赛中的竞技能力。

（4）针对 17 ~ 19 岁的孩子，重在激发青少年的比赛斗志，增强比赛的对抗性。

二、训练的思维性

现代足球运动向整体强对抗性、快速攻守转换的趋势发展，许多球队（如韩国队）正是因为正确把握住了足球运动的这种变化趋势，创造了历史。要想全面提升球员的能力，首先需要锻炼队员的思维能力，例如，在高速运动中进行观察判断、作出决策的能力。著名足球教练可可维奇曾发出过"肌肉是大脑的奴隶"的感慨，如今的足球训练应该注重开发球员的智力。

在儿童发育早期阶段，足球训练应该将重点放在提高孩子的兴趣上，兴趣是最好的老师，兴趣促使孩子尝试新的动作，兴趣激发孩子的创造性思维。机械的模仿、单调的重复，只会抹杀孩子的个性，约束孩子的想象空间，让他们过早丧失对运动的兴趣，难以体会足球运动的快乐。我国大多数职业球员在踢球过程中动作缓慢、机械，技术规范却缺乏灵性。曾有一位著名足球教练对我国球员做出评价："年少时就能够看出中国足球的痕迹，接球动作较为机械，跑位、技战术安排缺乏创新。"

足球训练如果不注重培养球员的思维能力,和纯粹的田径训练没有什么不同。有干扰的局部对抗训练能够较为直观地让青少年球员感受足球比赛的氛围和特点,持球球员在有干扰的情况下,需要采取各种手段控球或将球传出,因此,需要球员具备较强的随机应变能力,在复杂的局面下快速做出最佳决策。如果一名球员具备扎实的基本功,但缺乏应变能力,那么这名球员在比赛中也是难堪大用。应变能力的培养靠固定的训练套路是无法实现的,球员只能反复参与各种形式的局部对抗,逐渐体会与感悟在不同位置、不同防守阵型下的应对方法。

足球训练可以采取更多具有创造性的方式。例如,限定球员的触球次数、要求球员在训练比赛中穿不同颜色号码的衣服、在特定方格内进行对抗练习等。鼓励教练员采用大量的比赛训练,比赛训练具有攻守转化快、触球次数多等显著优势,球员的位置感、随机应变能力也能在比赛训练中得到提升。许多传统足球强国已经广泛采取了比赛训练的形式,例如,英国有专门的分隔球场,以供球员开展训练。然而我国大部分体校、业余球队几乎没有用过此种训练形式。我们需要尽快融入世界潮流,创造与采用多种形式的小型对抗训练,提升我国球员的思维。

三、训练的效率性

足球运动训练的效率性是一个非常重要的理念,因为只有训练的效率提高了,才能保证运动员训练的效果,其竞技水平才能得到有效的提升。要寻求运动训练的效率性,要注意以下几点。

(1)训练内容要丰富,训练形式要富于变化,在训练中,每一种训练形式的平均心率要保持较高的水平。

(2)要重点强调训练的质量,训练质量放在第一位,训练时间不做过分强调。

(3)训练中教练员要时刻强调训练的效率,训练效率的提升有助于球员在训练过程中保持高度注意,时刻充满激情。

四、训练与比赛相结合原则

为了保证足球训练活动的顺利开展,通常会将体育运动训练周期根据训练任务的不同分为不同的训练阶段,同时,这也要充分考虑比赛次数和层次等方面的要求,确保赛和练的安排得当。

一般来说,足球训练与比赛是相辅相成、密切相关的关系。对于初学者和技术水平不高的队,所安排的比赛次数不能太多,而对于较高水平的运动队,比赛可以适当多安排一些,通过参加各种形式和规模的比赛来发现问题和解决问题。由此可见,训练与比赛结合是足球训练的一个十分重要的原则。

第三节　掌握与创新校园足球训练方法

足球运动的快节奏、强身体对抗、复杂性和高度的变化性决定了该项目运动训练的特殊性。目前,我国大多数足球教师、教练员仍采用传统的方法开展训练,在训练课程的安排中,过分强调单个技术动作(例如触球、颠球、射门等)的强化,长时间进行无身体对抗的训练,严重脱离了具体的比赛情景,技术动作难以被球员真正运用到赛场中。青少年球员往往感到枯燥,缺乏自信,同时,缺乏战术意识、集体配合意识。除此之外,我国常采取无球状态下的长距离持续跑来提升足球运动员的体能,这种单一形式的有氧耐力训练使球员向耐力型运动适应性方向转化,不利于球员在足球比赛中使用爆发性强的关键技术动作,例如,急转、抢截、起脚射门等。落后的训练方法使得我国的足球事业难以实现高质量发展。现阶段,探索更为高效、科学的足球人才训练方法已经迫在眉睫。

一、小场训练赛

近几年,"小场训练赛"这种足球训练方法在国外流行起来,许多国家在校园足球训练大纲中加入了此种方法,它逐渐在足球技术战术训练、体能训练中居于主导地位。然而,这种训练方法在我国并不常见,我国足球教师与教练员未能真正理解小场训练赛的实质,这种方法难以在实际训练中得到有效运用,一些教练员有心尝试此法,但由于缺乏理论基础,只能流于形式,草草收场。因此,深入解读小场训练赛这种训练方法迫在眉睫,我国教练员尽快认识、理解、掌握此法,科学使用此法,有助于提高我国校园足球人才训练的质量和效率。

(一)小场训练赛的定义

小场训练赛源于荷兰人发明的一种街头足球游戏,随后对其进行规范化操作并运用到了足球训练中。

小场训练赛通过营造真实的足球比赛情景而闻名,训练中包含了正规足球比赛的各种元素,例如,攻守双方、裁判、教练员、场地、进攻、防守、攻守转换等。

我们把小场训练赛定义为:小场训练赛(Small-Sided Games,缩写SSGs)最早源于街头足球游戏,是基于迁移理论之"共同要素说"和"模型理论",根据教学或训练任务对足球训练元素进行设置或调控,实现训练模式与真实比赛情景最大匹配的区别于传统足球训练的特定训练方法。具有明确的目的性、训练的针对性、设计的灵活性、对场地要求低等特性及很高的实用价值。[①]

(二)小场训练赛的特点

小场训练赛具有非常显著的特点:目的性强,针对性强,对场地要求不高,设计灵活。教练员可以根据自身需要,自行设计训练时间、训练模式、训练规则(包括移位规则、球门数量、得分要素等)、攻守双方对阵人数、场地大小等。

(三)小场训练赛的理论基础

小场训练赛的理论基础主要包括两个方面:迁移理论之"共同要素说"和"模型理论"。

(1)共同要素说。小场训练赛模式与正规的11人制足球比赛的所有元素相同,所以两种模式之间能够进行迁移。

(2)模型理论。小场训练赛以11人制的足球比赛为原型,通过模

---

① 李虎.校园足球教学与训练方法——基于国外足球 Small-Sided Games 的解读[J].广州体育学院学报,2020,40(2):124-128.

型训练模拟真实赛场上的各种情景,帮助球员在最终的比赛中最大限度地发挥自身能力。

（四）小场地训练赛的实践操作

小场地训练赛十分重视训练监控这一环节,教练员严密监控球员的训练过程,获取准确的数据,最终精准把控球员的状态和球员身上需要解决的问题,小场地训练赛的具体实践操作如图3-1所示。

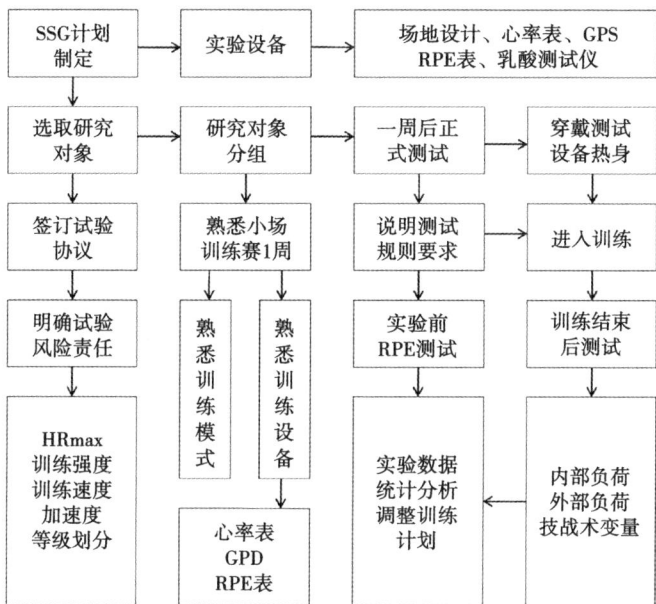

图 3-1　足球小场训练赛的实践操作流程 [①]

小场训练赛中使用的试验仪器包括以下几种。

（1）全球卫星定位系统（简称"GPS"）。记录球员的跑动距离、跑动速度、加速度等。

（2）摄像机。记录球员的技术、战术指标,例如,控球传球、射门等。

（3）心率遥测系统（利用20米往返跑测球员的最大心率）。记录球员在训练或比赛中的运动强度,此系统要想发挥正常记录功能,需要与GPS一对一配对。

（4）运动表现检测系统。负责对数据进行导入、分析。教练员根据

---

① 李虎.校园足球教学与训练方法——基于国外足球 Small-Sided Games 的解读[J].广州体育学院学报,2020,40（2）：124-128.

球员的具体情况,进行有针对性的设置,在训练过程中实施科学监控,分析监控数据,发现问题,再针对具体问题重新设计小场训练赛,使球员的竞技水平得到逐步提升。

二、五步训练法

法国发明的五步训练法作为一种现代的探究式训练模式,以比赛为依据,以问题为导向,在一定程度上解决了实战中存在的问题,这种先进的训练模式、训练理念值得我们借鉴。

(一)五步训练课结构

1.热身对抗

五步训练法中的热身对抗在理念和方法上均与我国足球训练中使用的热身不一样。热身对抗的真正目的在于为训练拟定主题,根据主题内容开展热身对抗,赋予场地、运动员实际意义。通常情况下,教练员在训练中将球员划分为两组,两组球员拥有一致的目标,在确定好训练主题后对双方球员提出具体的要求。以控球推进训练主题为例,教练员需要要求双方球员运用控制球、传球的技术动作,在特定场区进行攻守练习。教练员可以设置三组练习时间(每组练习时间均为5分钟),在第一组练习时间内,要求球员最多三脚触球;在第二组练习时间内,只允许通过半场的球员回传一次;在第三组练习时间内,由局部练习过渡到整体练习。

在热身对抗阶段,随着训练强度、难度的增加,球员不得不逐渐加快传球速度,提升传球质量,与此同时,为了突出训练主题,无球队员也需要不断在场上跑动,做好接应的准备,不断向前推进。教练员在热身对抗结束后,采用提问的方式帮助球员发现自身在练习时出现的问题,并及时想出应对策略。

2.协调性练习

对于青少年来说,个人的协调性十分重要,个人的协调能力影响着球员的速度和爆发力,与足球技能的发挥密切相关。因此,协调性练习是必不可少的,每节训练课都要有专门的协调性练习。在协调性练习中,通常需要使用多种器械,例如,绳梯、小栏架、跳绳等,不仅可以使用单个器械,也可以使用器械组合来开展训练。常见的协调性训练包括无球练习和有球组合练习。

3. 情景练习

情景练习的主要目的在于解决球员在热身对抗中出现的问题,提取问题情景片段,在反复的情景练习中寻找解决方案。通常来说,教练员通过观察或多年经验发现球员在热身对抗中出现的问题,在情景训练中,教练员针对具体的问题,安排球员在不同的场地区域(包括控球区、推进区、失衡区等)内进行训练。

4. 技术练习

球员在情境练习中探索出的初步解决方案需要通过技术练习环节才能得到真正的使用。技术层面是分析问题、解决问题的关键。球员需要按照以下步骤开展技术练习。

（1）找到与主题相关的各项具体技术。

（2）简化练习方式。

（3）进行技术选择。技术练习根据有无防守队员可以分为两大类:分析式技术练习、适应性练习。前者是没有对手、无对抗的练习,需要球员做重复练习;后者是有对手的练习。

5. 比赛

在前四种练习的基础上,设计了比赛环节。此环节是为了检验五步训练课的训练效果,检验其实用性,看看球员能否将训练所得运用于比赛之中。因此,球员在比赛中要有明确的训练思路,根据训练主题用心体会教练员的训练意图。例如,在以控制球为主题的比赛中,球员需要认真体会控球区的传切配合和跑位,以便提升整个球队的控球水平,在传接中有效地控制球,将球传向推进区并快速射门。场外的教练员最好不要中断比赛的进程,对球员有过多的限制,而是要认真观察,发现问题,在比赛后对球员进行有针对性的指导,着手设计下一阶段的训练主题。

（二）五步训练法的指导原则

（1）行为主义理论。行为主义理论的基本观点认为,学习是经过不断地强化建立起来的刺激（S）与反应（R）之间的联结：刺激→反应（S→R）。

（2）建构理论。建构理论关注学习者在特定情景中解决问题的过程。认为学习是以自身经验为基础,通过与外界的接触,建构内在心理表征的过程。

足球五步训练法与上述两种指导原则息息相关（图3-2）。在五步训练法中,协调性练习依据行为主义理论的指导原则,通过不断重复的脚步动作提高球员的协调性。技术练习中的分析性技术练习属于行为主义理论的范畴,而适应性技术练习属于建构理论的范畴。热身对抗练习、情景练习、比赛均以建构理论作为指导原则,强调主动性学习,采用模拟比赛、情景练习的新颖形式,帮助球员在比赛场景中积极探索、认真观察、发现问题,并通过教练员的指导和个人思考解决问题。

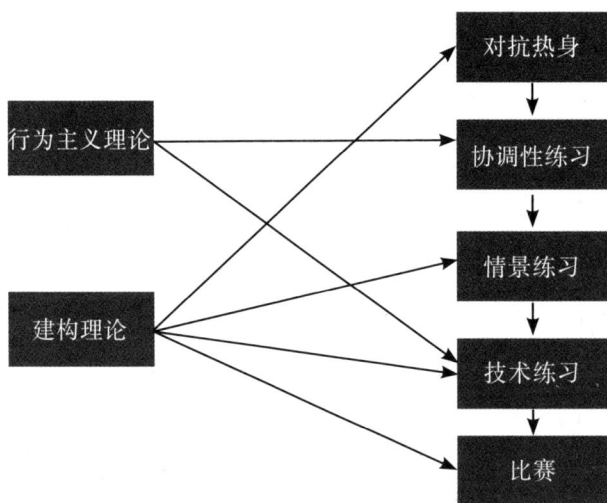

图3-2　足球五步训练法与两种具体指导原则之间的关系①

（三）五步训练法中常用的教学方法

教练员在五步训练法中常采用主动性教学法、指令性教学法两种教

① 余翔.法国足球理念与训练方法研究[J].吉林体育学院学报,2019,35（5）：29-37.

学方法。

1. 主动性教学法

通过情景设置、提问等一系列方式方法，教练员鼓励球员积极观察，自行发现问题，主动思考，寻找策略的一种教学方法。主动性教学法的灵活使用能够在很大程度上提升球员在比赛中的思维决策能力。

2. 指令性教学法

为了提升球员的技术能力、战术能力，教练员在训练中要求球员进行大量有目的性的重复训练。指令性教学法通过技术、战术的大量重复练习，提高运动员的综合能力。球员的思维决策过程通过技术、战术来表现，两者之间有着十分密切的关系。

两种教学方法相互配合，使得五步训练法有更好的训练效果。指令性教学法常常运用于分析式技术练习中，而主动性教学常在适应性技术练习中被使用。

三、竞赛训练法

竞赛训练法，就是运动员在正式比赛的条件和要求下进行体育运动训练所用到的一种训练方法。一般来说，竞赛训练法不仅能有效检验平时的训练效果，还能使运动员创造性地运用知识、技术和战术的能力以及提升身体素质，除此之外，还能很好地提升运动员的应变能力和实战能力。

运用竞赛训练法进行训练，运动员之间还能相互交流经验，提升自身的技战术水平。竞赛训练法在运动员心理承受能力的提升，坚强意志品质的培养方面也发挥着非常重要的作用。

为保证竞赛训练法应用的科学性，应重点注意以下几个方面的要求。

（1）要采用适宜的运动负荷。采用竞赛训练法进行足球训练，能在一定程度上激发运动员的训练兴趣，提高训练的质量。因此，在采用竞赛训练法进行足球训练时，就要求以专项训练的需要为主要依据，针对性地选择适合运动员特点的竞赛内容和形式，同时还要注意安排适宜的运动负荷。

（2）运用时机要合理。在训练的过程中,教练员要积极地引导运动员进行训练,要在训练中不断提高运动员的自我控制能力,培养其优良的体育作风。需要注意的是,竞赛训练法不是任何时候都适用的,比如,在运动技能尚未形成之前和疲劳时就不能采用竞赛训练法,否则会对运动员的现有技术造成不良影响。因此一定要把握好运用的时机,科学地训练。

四、游戏训练法

游戏训练法,就是运动员主要以游戏的形式来进行体育运动训练的一种训练方法。一般来说,游戏性训练能有效提高运动员训练的兴奋性,激发运动员训练的兴趣,同时,能够营造出轻松、愉悦的训练氛围,这些对于运动员训练的开展以及理想训练效果的取得都是非常有帮助的。最后需要强调的一点是,游戏训练法在确定运动量时,切忌盲目性,一定要以运动员的自身特点和实际情况来定量。

第四节　制定合理的校园足球训练计划

一、训练计划的类型

按照训练计划时间跨度的长短,足球人才训练计划可以划分为五种不同的类型(图3-3)。本节就五种计划的具体内容、安排做较为详细的阐述。

（一）多年训练计划

多年训练是一种长期规划,常以表格的形式呈现,其主要内容包括持续的奋斗目标、训练任务、比赛安排等。多年训练计划的制定需要充分反映出训练发展过程的蓝图,做到目标明确、任务具体、时间安排得当。但是因为青少年球员在成长中会发生诸多变化,所以多年训练计划的制定有一定的难度。教练员可以在不同阶段设计有侧重点的训练内容,将球员从基础训练到运动生涯结束的全程训练计划划分为多个区间训练计划(表 3-1)。

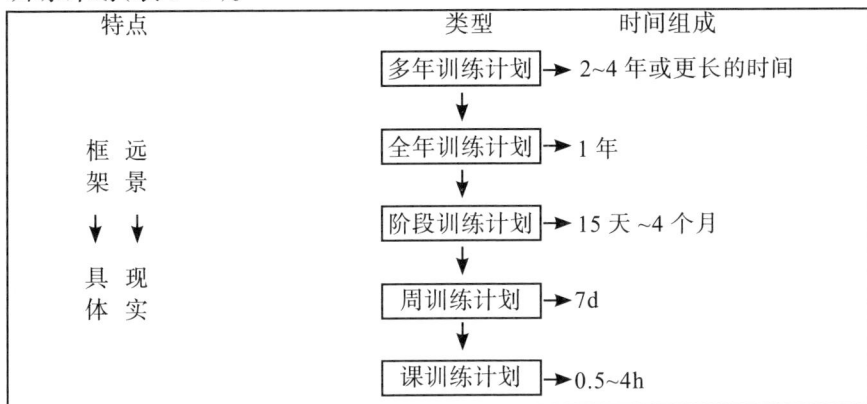

图 3-3　训练计划的具体类型

表 3-1　多年训练计划不同阶段的重点内容 [①]

阶段划分	阶段任务	年限	训练重点内容
基础阶段	培养竞技能力的基础	4 ~ 6	协调能力,基本运动技能,一般心理品质,各种技术战术配合,基本运动素质
提高阶段	提高竞争力	5 ~ 7	足球比赛所需运动素质、实用技战术、心理品质,足球训练有关理论
创绩阶段	保持和进一步发展竞技能力	7 ~ 15	训练或比赛中心理的稳定性,足球身体素质

(二)全年训练计划

在多年训练计划的基础上,制定更为详细的全年训练计划。全年训练计划通常包括球队概况、训练指导思想、具体奋斗目标、训练基本任务和手段、比赛和训练负荷的安排、训练工作的考核等多方面内容。

全年训练计划没有统一的格式,教练员通常以自己习惯的方式在表格中清楚填写上述内容。教练员根据一年中球员需要参加的比赛,对全年训练计划进行阶段性划分。不同训练周期循环进行,呈螺旋上升的趋势,前一个训练周期是后一个训练周期的基础,后一个训练周期对球员提出了更高的要求。通过周期性的训练逐渐提高球员的个人能力,帮助

---

① 王崇喜.球类运动——足球[M].北京:高等教育出版社,2001.

球员在比赛中获得好的成绩。全年训练周期可以分为准备期、比赛期、过渡期三个小周期。

（1）准备期。此阶段的任务是：在比赛前，从身心上、技术战术水平上做好万全的准备，获得良好的竞技状态。准备期持续的时间根据全年竞赛的时间安排确定。准备期内的训练重点在一般身体训练上，随后逐渐增加技术、战术训练的相关内容，加大技术、战术训练、教学比重，与此同时，增加对抗性训练和有针对性的专项身体训练。随着比赛的临近，逐渐增加身体训练的强度，并有意安排模拟对抗比赛。主力阵容通过各球员在模拟对抗比赛中的具体表现确定。比赛前一周，球员需要降低自身运动量，缩短大强度训练的时间，适当参加一些中等强度的比赛，将自身状态调整到最佳，做好赛前思想准备。

（2）比赛期。此阶段的任务是：充分发挥最佳竞技状态，力争第一。比赛期的训练(主要指两场比赛之间的训练)需要紧紧围绕球员在比赛中暴露出的具体问题展开，根据下一阶段比赛的需要，开展针对性训练，弥补技术、战术漏洞。在比赛期，球员仍需要参与素质训练，保持良好的身体状态。比赛期的训练需要做到因人而异，特别是到赛程中后期，预备队员也需要提升训练强度，随时做好准备。

（3）过渡期。此阶段的任务是：调整训练强度与训练内容，消除球员的身体疲劳、精神疲劳，为新的训练周期作好准备。过渡期内主要进行专项训练，帮助球员做出积极调整。同时，注重总结与回顾本周期球员的表现，以便更好地投入新的训练周期之中。

(三)阶段训练计划

在全年训练计划的基础上，根据各个时期的任务、要求，将全年训练计划划分为不同的阶段，制定阶段训练计划。制定阶段训练计划时，需要注意不同阶段之间的衔接，注重系统性，同时根据实际情况不断调整、完善训练计划，使计划有较强的针对性。

与多年训练计划、全年训练计划相比，阶段训练计划的时间跨度较小，其训练内容常以表格的形式呈现。训练计划的内容主要包括：阶段性任务、运动负荷量、训练时间、具体的训练内容与时数等。

(四)周训练计划

在阶段训练计划的基础上，确定一周的训练任务、训练要求，详细地安排训练时间、内容、运动负荷。

目前,欧洲、南美一些国家以及我国逐渐采用周赛制的竞赛制度。周赛制指一周进行一场比赛的竞赛制度,为了适应周赛制,制定周训练计划成为了一项重要内容。周训练计划的主要任务是:帮助运动员调整到最佳竞技状态,力争在比赛中获得优异的成绩。

1.主场、客场比赛周训练计划的特点

主场、客场比赛周训练计划的制定需要特别重视把握训练强度、选择具有连贯性的训练内容,这两者在很大程度上决定着训练质量。一般情况下,在主场有较长的训练时间,可以适当增加训练量、提升训练强度。而客场训练受到多种客观因素的限制,例如,气候、环境、饮食习惯的不适应等,在训练量、训练强度等方面会有所降低。

2.连续主场、客场比赛周训练计划的安排

连续主场、客场比赛周训练计划具有较为显著的特点,球员通常在一次较大负荷的运动后,有 1 ～ 3 天的时间进行恢复与调整,保证在连续的比赛中维持良好的竞技状态。

教练员在确定训练计划中具体的运动量时,需要将帮助球员在比赛日达到最佳竞技状态放在首位。众所周知,在进行不同负荷的运动后,球员达到超量恢复所需要的时间不同,因此必须科学制定训练计划,保证球员身体各方面的超量恢复在较短的时间内同步实现,这种做法有利于球员在比赛中取得优异的成绩。

3.过渡准备期训练计划的安排

过渡准备期指两场比赛之间具有过渡性、准备性的一段时期。过渡准备期是上一阶段的延续,也是下一阶段比赛的预备期。因此,需要根据运动员的个人情况(主要指身体状况、专项能力等)以及准备期的具体周期合理安排运动负荷,选择具有针对性的训练内容、训练方法与手段。

过渡准备期可以被划分为小过渡期、小准备期两个具体阶段,各阶段持续时间的长短受竞赛制度、总训练时长的制约。

小过渡期的持续时间通常在 5 天以上,受运动员心理疲劳程度的影响。小准备期的持续时间通常在 14 天以上,这一阶段的主要任务在于解决本队在上次比赛中出现的重大问题。

小准备期内的运动负荷强度一般维持在 2 ~ 4 次大强度负荷。在小准备期内,除了要考虑提高球员的机能水平外,还要考虑球员机体的恢复。

(五)课训练计划

课训练计划是操作性最强、实践性最强、最具体的一种计划安排,相当于训练课教案。教案中需要涉及训练日期、训练时间、训练地点、训练内容、方法、手段等多项内容。

教案根据具体课程结构,通常由三部分组成,即准备部分、基本部分、结束部分。

(1)准备部分。又被称为"热身",主要目的在于充分调动有机体的活动积极性,促进有机体尽快进入工作状态之中。具体表现为良好的肌肉功能、心肺系统功能,注意力集中,神经系统具有一定的兴奋性,总之在身心各个方面为大强度的运动负荷做好准备。

(2)基本部分。此阶段的主要任务是完成教案中提及的各项任务要求。不同任务需要通过不同的练习方法、训练手段来实现。

(3)结束部分。此阶段的主要任务是采用一些常见的整理活动帮助有机体进行体能恢复。与此同时,教练对整堂课球员的表现作出简单的评价,帮助球员把握自身优缺点,了解团队的整体状况。及时、适当的评价有助于下一次训练课的顺利开展。

教练员在实施教案内容、开展课训练计划的过程中,需要做到以下几点。

(1)认真观察、监督球员的练习手段,根据球员的训练状态,及时调整训练课的组织形式。

(2)在训练课后作好记录,总结经验。

二、制定校园足球人才训练计划的具体步骤

(一)明确训练计划的价值

足球训练是一项由若干子系统构成的复杂工程,要想培养出全面型的校园足球人才,必须保证每个训练子系统之间衔接自然,实现最佳的输出效果。严谨的训练计划能够将待实现的训练目标科学地划分为一

系列的训练任务,各任务之间保持相对独立和彼此联系。在各任务的指导下,将其具体化为多种形式的练习。校园足球运动员按照要求完成相应练习,逐步实现各层次的训练任务,最终达到训练目标,成为真正意义上的足球人才。

现如今,所有足球教练都十分重视训练计划的制定,特别是在校园足球训练中,训练计划的重要性更是不言而喻。青少年身心发育尚未成熟,个体差异明显,教练员需要开展有针对性、有侧重点的训练计划,为全面提升青少年的能力奠定良好的基础。

（二）遵循制定训练计划的依据

训练计划要想实现较好的效果,需要明确一些重要的制定依据。与此同时,因为训练对象、训练目标均存在一定的差异性,计划制定的依据应有所侧重。对于成年足球运动员来说,训练的最终目标通常是追求优异的比赛成绩;对于校园足球运动员来说,训练的目标通常是培养人才。制定校园足球人才训练计划时,需要顺应青少年身心发育的特点,依据青少年的智力特点、心理发育特点、身体发育特点、身体素质敏感期,在不同训练时期选择不同的训练内容、训练手段。

（三）了解制定训练计划的基本流程

尽管训练计划有许多不同的类型,但制定各种类型的训练计划均需要遵循基本的流程。整个训练计划的制定工作按照时间程序可以分为三步。

（1）了解与分析运动员的现实状况,划分具体的训练阶段并确定每个阶段的训练任务。此步骤将确定训练任务、训练指标,并在不同的训练阶段实现训练指标的具体落实。

（2）安排与规划运动负荷,选择适宜的训练手段实现运动负荷的动态变化,实现阶段性目标与总体目标。

（3）制定运动恢复方案,选择有效的运动恢复措施。

（四）合理安排训练负荷

校园足球人才训练计划的制定需要合理安排训练负荷。安排训练负荷时,需要遵循大运动量训练原则,综合运用多种指标,例如生理、生化指标等,监控训练全程,敦促青少年球员突破自身极限,充分发挥潜能。与此同时,需要遵循循序渐进的原则,实现大、中、小运动负荷的循环交替。

训练计划的制定还需要充分考虑青少年球员的个人承受能力。训练次数、强度、时间,技术动作的难度、重复次数等多种因素相互联系、相互制约,共同决定着训练负荷的大小。

1.合理安排训练次数

尽管不同训练期对训练次数提出了不同的要求,但是每位青少年球员每周必须保证基本的训练课次。

2.合理安排训练时间

青少年球员的基础较为薄弱,技战术水平较低,因此,需要适当增加训练时间,为今后在足球项目上的发展打下坚实的基础。

3.合理安排训练强度

训练强度指有机体在单位时间内承受的负荷量。训练强度在很大程度上影响着训练的效果。一般而言,训练强度越大,机体消耗的能量越多,训练后超量恢复过程就愈发明显。因此,只有训练强度足够大,才能产生训练效果,提升运动员的水平。在实际训练中,训练强度最好以接近或略超过球员最高训练强度为标准,发展青少年球员无氧系统、有氧系统的供能能力,保证球员在激烈的比赛中拥有较好的体力、耐力,达到最大跑动速度。

训练强度有如下多种类型。

(1)极限强度训练。球员训练时承受生理极限负荷量,每分钟心率达到自身最高值(超过 180 余次)。

(2)大强度训练。球员训练时承受生理最大负荷量,每分钟心率达到 180 余次。

(3)中等强度训练。球员训练时以自身极限负荷量的 70% 开展练习。

(4)小强度训练。球员每分钟心率在 120 次左右。

第四章

校园足球专项体能教学与训练

　　我国在足球比赛上的连续失利暴露了我国足球人才缺失的事实,而培养一个足球人才必须按照现代科学的培养方式,不仅需要关注运动员的体能体质问题,还要对运动员的心理问题加以关注并予以干预,同时还要注意培养运动员的运动智能。只有经过全面培养的足球运动员,才能成为真正的足球人才。

第一节　体能素质对足球运动的重要性

一、促进身体健康

　　体能训练具有改善运动员身体健康状况的作用,而良好的身体健康状态是运动员进行运动训练和比赛的必要条件。首先,体能训练能够增强运动员心血管系统以及呼吸系统的功能;其次,体能训练能够改善运动员骨骼、肌肉、韧带、肌腱等各部位的状态,增强其活性,提高其健康水平;最后,体能训练还有助于提高运动员的代谢水平,使运动员的代谢能力增强,从而增强运动员的环境适应能力和免疫能力。

　　此外,运动员在进行身体训练的过程中锻炼了机体各器官的协调发展能力,使身体各器官、各机能能够协调配合,为运动员学习难度技术提供了身体条件上的支持。

二、发展竞技能力

竞技能力是指运动员参加竞技比赛所必需的能力,主要包含体能、技能、心理能力三个部分。体能是竞技能力的重要组成部分,主要包含力量素质、耐力素质、速度素质、协调素质、灵敏素质、柔韧素质等。只有促进各项体能素质协调发展,全面提高体能水平,运动员才能最大限度地发挥自己的运动潜能,取得优异的比赛成绩。体能训练的作用之一就是促进运动员体能水平的提高,使运动员具备更强的竞技能力。

体能训练的内在逻辑在于它是一环接一环的,前一阶段的练习是后一阶段的基础,同时体能训练和其他竞技能力的发展也具有紧密的练习。

体能训练的第一个环节是基础体能训练,也被称为一般体能训练,目的是发展一般运动所需要的体能素质。基础体能训练达到一定成果之后,将会开展专项体能训练,目的是结合专项运动的特点和需求发展专项运动所需要的各项体能素质。一般体能训练是专项体能训练的基础,只有通过一般体能训练使运动员具备一般运动的体能素质以及适应一定的训练负荷,才能更好地开展专项体能训练。而体能训练和其他竞技能力发展之间也有着紧密的联系,体能素质为运动员运动技能和心理能力的发展奠定了基础,不进行体能训练而直接进行运动技能和运动心理训练是不符合竞技能力发展的规律的。

表4-1列举了几位世界知名运动员的体能水平和他们取得的专项运动成绩的相关数据,能够充分显示体能水平和专项运动成绩以及运动能力保持时间之间的关系。

表 4-1　世界知名运动员体能水平和专项成绩之间的关系 ①

姓名	专项成绩	身体训练水平	创造并保持优异成绩年龄（岁）	备注
欧文斯（美国）	100 米：10.2 秒200 米：20.7 秒跳远：8.06 米4×100 米接力赛：39.8 秒	15 岁时的跳高成绩达到1.90米；大学时分别是篮球代表队的队长和棒球队的队员	22	第 11 届奥运会在 4 个运动项目上取得金牌；曾经在 45 分钟的时间内打破 5 项、达到 1 项世界纪录；第 12、13 届奥运会因为二战停办，因此未能继续在奥运会上创造优异成绩
刘易斯（美国）	100 米：9.86 秒200 米：19.8 秒跳远：8.91 米4×100 米接力赛：37.5 秒	一般体能训练水平超群	21—35	第 23—26 届奥运会上共获得 9 枚金牌；创造过跳远、100 米跑、4×100 米接力跑的世界纪录
张伯伦（美国）	100 米：10.9 秒400 米：47 秒跳高：2.02 米	20 世纪 50 年代末—79 年代初世界著名职业篮球中锋，身高2.16 米；技艺非凡，运动水平出类拔萃	22—38	4 次被评为美国最佳运动员，连续 7 年获全国最佳篮手称号；1962 年全年平均得分50.4 分，并在一场比赛中一人独得 100 分；1971 年投篮命中率为72.7%，均创世界最高纪录
阿列克谢耶夫（苏联）	三项总成绩：640（推 235+抓 175+ 挺230）千克；两项总成绩445（抓 187.5+ 挺257.5）千克；100 米：11 秒跳高：1.90 米	苏联国家青年排球队候补队员	23—36	第 20、21 届奥运会特重量级举重冠军，先后 82 次打破推举、抓举、挺举和总成绩世界纪录

①　杨世勇 . 体能训练学 [M].成都：四川科学技术出版社，2002.

三、增强机体的负荷适应能力

随着竞技运动发展的深入,现代竞技比赛的激烈程度和复杂程度不断提升,相应地,对包括体能在内的各项竞技能力的要求也越来越高。这也就意味着,运动员必须通过体能训练不断增强机体的负荷适应能力,提高各项体能素质,才能在竞技比赛中占据优势。

体能训练是一个循序渐进的过程,运动员承担的运动负荷遵循着由小及大的规律不断增加,而运动员的机体在这个过程中会产生一种生物适应现象,即机体功能随着运动负荷的加大而增强,继而更好地适应运动负荷。在合理的范围之内,对运动员机体施加的运动负荷越大,运动员机体产生的反应越激烈,机体功能的增强也就越明显。

足球运动是一项高强度运动,对运动员身体素质的要求非常严格。数据显示,在一场水平比较高的足球比赛中,运动员需要在赛场上跑 8000 ～ 14000 米的距离,冲刺 100 ～ 140 次,双方之间进行争抢 300 多次,还要完成大量的技术动作。运动员只有经过专业的体能训练,才能适应这种高强度的运动负荷。科学的体能训练能够在生物适应现象原理的指导之下,逐渐增加运动员的体能训练负荷,促使运动员的机体功能不断发生变化,增强运动员的机体负荷适应能力,为运动员各项体能素质以及运动技能的提升奠定基础。

四、锻炼运动员的意志水平

体能训练是一个非常艰苦的过程,需要运动员不断挑战自我,打破身体所能够承受运动负荷,走出舒适区。运动训练的过程中,运动员还难免会遇到情绪低落、身体受伤等问题,克服这些问题,继续坚持训练,需要运动员具有非常强大的意志水平。体能锻炼的过程也是锻炼意志力的过程,优秀的运动员们大都具备超高的意志水平。

五、避免和减少运动损伤

运动员在进行体能训练的同时,身体的协调能力、反应能力和灵敏度也随之加强。这些能力的增强说明运动员更加懂得如何使用自己的身体,能够保证自己身体的各个部位在训练和比赛中协调配合,快速反应,对于减少和避免运动损伤具有非常重要的帮助。

六、延长运动寿命

运动员的体能素质是保证其参加运动比赛的最基本也是最重要的条件,体能的下降不仅会导致其比赛成绩下降,严重的情况下还将使其无法继续运动生涯。而运动员进行体能训练,提高自己的身体素质和体能水平,能够延长运动寿命。以著名的葡萄牙足球运动员 C 罗为例,正是因为其执行了严格的体能训练,减缓了身体素质随着年龄的增加而下降的速度,才能在 37 周岁的情况下继续取得优秀的比赛成绩。

第二节　基础体能训练

一、力量素质训练方法与指导

(一)侧卧推举

1. 动作要领

(1)身体平躺在健身器材的躺板上,头部靠近健身器材的杠柄,肩部与杠柄垂直。

(2)双脚自然置于地面,两臂弯屈,两手握住健身器材的杠柄。

(3)做推举动作时,两只手肘向内合并,两臂用力将器械向上推举,直到双臂伸直方可结束动作。

(4)达到双臂伸直的程度之后屈臂将健身器材恢复到开始时的位置,整个过程记为一次侧卧推举。

2. 注意事项

(1)注意根据自己的实际状况,循序渐进的加大训练负荷。

(2)推举时两臂必须要完全伸直才算动作合格。

（3）臀部必须始终放在躺板上。

（二）深蹲起立

1. 动作要领

（1）准备姿势。双脚分开站立,两脚之间的距离和肩膀的宽度一致;双眼平视前方;双臂自然垂放在身体的两侧。

（2）下蹲动作。上体始终保持正直的状态,双腿做下蹲动作,下蹲的程度要达到大腿和小腿之间形成的夹角小于直角。

（3）起立动作。双腿恢复到伸直状态,双臂自然下垂置于体侧,即重新变回开始时的准备姿势。

2. 练习方法

（1）负重半蹲起立。身体在负重的情况下做半蹲起立动作,蹲下时大腿和小腿之间形成的夹角的角度为 $90°\sim120°$。

（2）负重深蹲。将重物放置在颈后肩上,上半身始终保持挺直的状态不变,双腿做深蹲动作,蹲下时大腿和小腿之间形成的夹角的角度要小于 $90°$。

（3）借助高台连续跳。可借助高台或者楼梯进行单脚交叉或者双脚的连续跳跃,跳跃过程中腿需充分地蹬伸。

（三）俯卧背起

1. 动作要领

（1）准备姿势。身体呈俯卧姿势,双腿并拢且伸直,在双脚或者踝关节处借助外力帮助其固定,双手放置在脑后或者胸前,两手手指交叉固定。

（2）练习动作。充分发挥腰部和上半身的力量将上半身抬起并尽力后仰,达到极限之后恢复到开始时的姿势。

2. 练习方法

（1）"两头起"。不再借助外力将下半身固定住,练习者同时抬起身体的两端,使身体的两端都往反方向做折叠动作。动作的幅度不必太大,但是频率要快。

(2)"负重鞠躬"。双脚分开站立,两脚之间的距离稍微大于肩宽;双手合并同时手指相互交叉,以抱头的姿势置于脑后;双腿和双手保持该姿势不变,同时负重做鞠躬动作,要求尽量做到90°鞠躬。

(3)"悬空背起"。身体俯卧在某种器械上,使上半身处于悬空状态,然后做仰卧背起动作,可以通过负重等方式增加训练的难度。

二、速度素质训练方法与指导

(一)长距离间歇跑

1. 练习距离

根据自己的体能素质和发展需要具体制定,一次练习的距离可以是150米、200米、400米、500米等任意距离。

2. 练习组数

一组包含2~3次练习,根据自己的具体状况确定练习组数。

(二)短距离间歇跑

1. 练习距离

60米、80米、100米任选。

2. 练习强度

按照60米、80米、100米的练习距离,练习强度依次是个人能够承担的最大负荷量的95%、90%、85%。

3. 间歇时间

两次练习之间的间歇时间为90秒,两组练习之间的间歇时间为5分钟。

（三）长、短距离相结合的间歇跑

进行（300 米 +100 米）× 3 组的练习，每个 300 米结束之后，休息 30 秒，然后全速跑 100 米，两组练习之间的间歇时间为 6 分钟。

（四）各种距离的反复跑

设置合适的间歇时间，根据自己的需要决定是否让机体充分恢复，然后进行重复练习。

① 60 米 × 3 组 +80 米 × 2 组 +100 米 +80 米 × 2 组 +60 米 × 3 组；

② 150 米 × 3 组 +200 米 × 2 组 +300 米 × 2 组。

（五）各种距离相结合的变速跑

变速跑最开始的练习以完成规定的练习量为主，之后可以加大某一段快跑的距离，练习者达到一定水平之后还可以对所有的快跑阶段都提出更高的要求。

① 300 米快跑 +200 米慢跑 +200 米快跑 +150 米慢跑 +150 米快跑 +100 米快跑 +100 米慢跑 +100 米快跑 +150 米慢跑，建议每次进行 2 ~ 3 组练习，两组练习之间的间歇时间为 8 ~ 10 分钟。

② 200 米快跑 +200 米慢跑 +150 米快跑 +150 米慢跑 +100 米快跑 +100 米慢跑 +100 米快跑，建议每次进行 2 ~ 3 组练习，两组练习之间的间歇时间为 6 ~ 10 分钟。

（六）越野跑

可以将练习的地点设置在野外，还可以利用速度游戏的方式进行练习，如"加速跑—变速跑—放松跑"组合练习。越野跑能够增加练习的趣味性和灵活性，激发训练热情。其中，加速跑的练习强度为个人最大负荷承担能力的 80% ~ 90%，练习距离为 20 ~ 50 米，还应该适当缩短慢跑的距离，以保证练习效果。

三、耐力素质训练方法与指导

（一）发展肌肉耐力

1. 立卧撑

（1）动作要求。身体呈站直状态，双手自然下垂在身体两侧；做下蹲动作，同时用双手撑地；双手始终撑地，双腿向后伸直，身体变成俯卧姿势；收回双腿，恢复成蹲姿，双手依旧撑地；站起直立，恢复到开始时的姿势。

（2）练习强度。30次动作为一组，每次练习4～6组；两组练习之间的间歇时间为5分钟。

2. 重复爬坡跑练习

（1）练习准备。练习坡度大概在10°～20°，坡长大概为200～300米。

（2）练习强度。训练负荷为个人最大承担负荷的60%～70%；一次爬坡为一组，每次进行5～6组练习。

3. 原地高抬腿跑

（1）动作要求。站在原地做跑步动作，跑步时尽量将腿抬高。

（2）练习强度。左右腿都完成动作记为一次，一组包含100～150次动作，每次练习6～8组；两组练习之间的间歇时间为2～4分钟。

（二）发展无氧耐力

1. 反复变向跑

（1）动作要求。根据听到的信号向指定的方向快跑，指令为前、后、左、右，四个方向为一组，一组内的方向顺序可以任意调换。

（2）练习强度。每个方向的跑步距离为20～30米，每次进行3～5组的练习。

2.反复折返跑

（1）练习准备。确定一条跑步路线,在路线的起点和终点做上标记;进行来回折返跑练习,来回跑两趟记为一次练习。

（2）练习强度。一组包含 4～6 次练习,每次练习 4～6 组;练习的强度为个人能承担最大负荷的 60%～70%。

（三）发展有氧耐力

1.定时跑

（1）练习准备。确定跑步练习的时间,比如 15 分钟,30 分钟,1 个小时等;可以根据自己的需要和喜好自由选择练习的场地,可以是专业的田径训练场,也可以是在野外。

（2）练习强度。练习强度为个人能够承担最大负荷量的 50%～60%。

2.定距跑

（1）练习准备。确定练习的距离,比如 1 千米,2 千米等。

（2）练习强度。可以根据实际状况调整跑步的速度,比如规定用 10 分钟的时间跑完 3 公里等。

3.各种长时间练习

（1）练习准备。进行各种运动的长时间练习,比如长时间的跑步练习、自行车练习、球类运动练习、游泳练习等。

（2）练习强度。练习强度为个人能承担最大负荷量的 40%～50%。

四、柔韧素质训练方法与指导

（一）发展手指、手腕柔韧素质

（1）两手交握,两臂翻转并高举过头顶,手心朝上。

（2）手腕屈伸、绕环。

（3）两手手指交叉相握,分别用力推对方的手指,使手指尽量向后翻转。

（4）做抛物、接物练习。

（5）借助墙壁等外力做推手练习。

（二）发展肩关节柔韧素质

（1）借助单杠、双杠、吊环等器材，做悬垂、负重悬垂、悬垂转体等练习。

（2）同伴一只手向后拉练习者的一只手臂，另一只手向前用力推练习者的背部。

（3）面对肋木单、双臂压肩。

（4）双手扶平衡木压肩。

（5）借助各种健身器材做压肩、拉肩练习。

（三）发展脊柱柔韧素质

（1）练习者两腿分开站立，两臂伸直并保持与地面平行，做转体练习。

（2）站立做体前屈练习，尽量将上半身向下压，使手掌能够到地面。

（3）两人背部相对站立，轮流将对方背起。

（4）练习者跪立，手臂向前伸直并贴于地面，上半身尽力下压，反复练习。

（5）躯干做侧上、侧下转动或腰部绕环练习。

（四）发展下肢柔韧素质

（1）各种劈腿、踢腿、压腿、摆腿练习。

（2）跪坐向后倒拉腿前群肌肉。

（3）各种屈、伸足踝关节的练习。

（4）栏侧跑动中起跨腿的反复过栏、下栏动作练习。

（5）站在高栏架侧面，一条腿向外摆、向内摆，改善髋关节的灵活性。

五、灵敏素质训练方法与指导

（1）前手翻、后手翻、侧手翻练习。

（2）前空翻、后空翻练习。

（3）前后方向的空中 360° 转体练习。

（4）弹网垂直跳、弹网前后空翻、弹网背弹转体练习。

（5）跳绳练习。

（6）各种球类运动练习。

（7）有助于灵敏素质发展各种游戏活动。

六、协调素质训练方法与指导

（1）进行各种变速练习,比如采用变速跑的方式进行跨栏练习、变速跑抢球等。

（2）进行各种变向练习,比如根据指令向不同的方向做各种动作、跑、跳等。

（3）转换部位进行练习,比如根据口令用左手或者右手接球、运球等,根据指令用左脚或者右脚接球、踢球等。

（4）做一些违反常规动作习惯的练习,比如倒向或者侧向的跳跃、跑步练习,镜面动作练习等。

（5）借助平衡木等工具进行练习。

（6）加大干扰因素进行练习,比如在山地中骑自行车、在有海浪的水域中进行游泳或者赛艇训练。

第三节　足球专项体能训练

一、足球专项力量素质训练方法与指导

（一）速度力量练习

1.练习强度

练习强度为个人最大负荷量的 75% ~ 90%,每次练习持续的时间为 5 ~ 10 秒,运动员机体完全恢复之后方可进行下一次或者下一组的练习。

2．练习量

4～6次练习为一组,每次进行3～4组的练习。

（二）力量耐力练习

1．发展颈部、上肢和肩背力量的练习

（1）用双手固定头部给颈部转动增加阻力,以发展颈部的力量。

（2）做俯卧撑练习,可以借助健身球、重物等加大练习的难度。

（3）借助单杠做引体向上练习。

（4）采用各种姿势做卧推练习。

（5）利用杠铃、哑铃或者其他重物做举重练习。

（6）借助哑铃、杠铃或者其他重物做俯身负重提拉练习。

（7）手提重物,俯身划动手臂练习。

（8）两人一组,面对面而坐,双腿分开,做抛接实心球练习。

（9）坐在健身球上做各种姿势的杠铃颈后推举练习。

2．发展腰腹力量的练习

（1）转体仰卧起坐练习,即在每次起身时加一个转体动作。

（2）举腿仰卧起坐练习,即在每次下落时加一个举腿动作。

（3）身体保持侧卧姿势,做体侧屈、双腿上举练习。

（4）身体保持俯卧姿势,用腰腹力量尽力将上半身向上抬并向后弯屈,也可以同时加上举腿动作加大练习难度。

（5）跳起在空中做转体或者头顶球动作。

（6）展腹跳练习。

（7）肩膀负重的情况下做转体动作练习。

3．发展腿部力量的练习

（1）各种形式的跳跃动作练习,比如负重跳、多级跳、跳深、助跑跳等。

（2）负重做半蹲动作或者提踵动作练习。

（3）摆腿动作练习,可以通过加快动作频率、加大动作阻力或者进行负重练习加大练习难度。

（4）远距离传球、射门练习。

（5）骑人提踵练习。

（6）负重的同时双腿交叉做剪刀状并下蹲,两腿之间分开的距离较小时主要锻炼的是股四头肌,两腿之间分开的距离较大时能够锻炼到股四头肌、股二头肌和臀大肌,可以根据自己的锻炼需求进行调整。

（7）悬垂举腿练习。

二、足球专项速度素质训练方法与指导

（1）进行各种姿势的起跑练习,以提升起跑速度,每次练习的距离为 10 ~ 30 米。

（2）一边做高速的跑步或者运球等动作,一边根据教练的指令转变方向、急停、换姿势等。

（3）采用不同的跑步方式进行练习,比如变速跑、高抬腿跑、牵引跑等。

（4）全速运球跑、变速变向运球跑。

（5）绕杆跑、运球绕杆。

（6）结合运动战术进行速度练习。

（7）利用具有趣味性的抢球游戏进行练习。将练习人员分成两队;确定一条中间线,两队分别面对面站立在距离中间线 10 米的地方;然后在中间线上每隔 2 米处放置一个足球;两队的队员在听到教练的指令之后快速出发抢球,抢到足球数量多的队伍获胜。

（8）提高动作速度的练习,也就是通过长时间的高速练习帮助肌肉建立动作记忆,快速形成动作定型,比如各种传接球练习等。

三、足球专项耐力素质训练方法与指导

（一）有氧耐力训练

1. 有氧耐力训练方式

（1）持续训练法。练习强度为个人最大负荷量的 40% ~ 60%,每次练习的距离为 5000 ~ 10000 米,持续的时间需要在 25 分钟以上。

（2）间歇训练法。根据脉搏的跳动频率来评价练习的强度,当脉

搏跳动频率为 150 次 / 分钟时练习效果较好；每次练习持续的时间为 30 ~ 40 秒；练习者心跳频率恢复到 120 次 / 分钟时即可以开始下一次的练习，不需要完全恢复；每次的练习量为 8 ~ 40 次练习（即一组）。

2. 有氧耐力训练具体方法

（1）不同距离的跑步练习，比如 3000 米跑、5000 米跑、8000 米跑等。

（2）定时跑，比如 15 分钟跑、30 分钟跑等。

（3）穿足球鞋进行长距离跑练习，提高比赛适应能力，以确保能在赛场上正常甚至超常发挥。

（4）100 ~ 200 米间歇跑练习。

（5）400 ~ 800 米变速跑练习。

（二）无氧耐力训练

1. 无氧耐力训练方式

无氧耐力训练常用的训练方式主要是大强度间歇训练法，其具体内容如下：

（1）训练强度。个人最大负荷量的 80% ~ 90%，脉搏跳动频率大概为 180 次 ~ 200 次 / 分钟。

（2）间歇要求。运动员脉搏跳动频率恢复到 120 次 / 分钟左右即可继续进行练习，不需要机体完全恢复。

（3）练习量。一组包含 12 ~ 40 次练习，每次进行 1 ~ 2 组练习即可。

2. 无氧耐力训练具体方法

（1）重复冲刺跑练习，每次冲刺的距离为 30 ~ 60 米。

（2）100 ~ 400 米高强度反复跑。

（3）各种短距离追逐跑。

（4）往返冲刺传球练习。

（5）要求在规定时间内完成抢传的练习，可以根据实际状况调整参加练习的人数。

四、足球专项灵敏协调素质训练方法与指导

（1）各种交叉步练习，比如在双腿保持交叉姿势的状况下，向前、向后或者向两侧移动。

（2）各种跑步练习，比如边跑步边变换上肢动作、后退跑、侧跑、变向跑、变速跑等。

（3）起动跑练习，根据教练的指令确定起动跑的方向。

（4）滚翻和起动跑结合练习，比如练习者根据教练发出的指令进行前滚翻或者后滚翻，然后教练立刻接着发出起动跑的指令，训练者再根据教练的指令向不同的方向快速起跑。

（5）喊号追人练习，将运动员按照人数分成数个小组，然后对每个小组中的队员进行编号；运动员以小组为单位坐在中圈内；教练员随机喊出一个号码，每组中该号码的队员迅速起立向自己原本的位置开跑；队员先到达自己原本位置的队伍获胜。

（6）躲闪摸杆练习，两人一组，一人为防守队员，另一人为进攻队员；进攻队员利用各种假动作使防守队员重心偏离，然后越过防守队员摸杆；摸到为进攻队员获胜，否则为防守队员获胜。

（7）冲撞躲闪练习，两名运动员为一组，一边慢跑，一边用动作冲撞对方，同时也躲闪对方的冲撞动作，被撞到的一方为失败。

（8）障碍物练习，在训练场地中设置各种障碍物，要求运动员利用跑、跳、爬、钻等各种动作穿越障碍物，通过障碍物用时最短的队员获胜。

第五章

校园足球技术教学与训练

　　足球的基本技术是足球的灵魂,也是足球后备人才必须熟练掌握的基本功。对于现代足球而言,足球技术是决定足球运动水平的关键。可以说没有足球技术就没有足球运动的一切。本章将对足球技术进行详细阐述。

第一节　足球技术理论概述

　　青少年作为足球后备人才,肩负着发展与传承足球运动的使命。所有足球发展水平较高的国家都普遍认为,足球后备人才的培养应该着眼于运动员个人能力的全面发展。强调人才培养,强调对运动员进行长期系统的训练,不能急于求成或者揠苗助长。与此同时要对运动员进行人文教育,既要重视运动员的专业水平,又要将道德素养与技术训练相结合,对运动员进行系统全面地培养和选拔。

　　现代足球讲求全攻全守,作为足球后备运动员需要具备全面的足球技术素养,既能坚守所在位置的职责,又能随着战术的不断调整而胜任不同位置的技术要求,真正成为进可攻退可守的全能球员。同时,作为优秀的足球运动员还应该有意识地发展和培养自己的个人技术特长。

很多世界著名的足球运动员,他们都有着自己鲜明的技术风格和个人特色,并以此为世人所乐道。

一、足球技术的概念

足球技术,是指由特定动作结构所组成、并贯穿整个足球活动中的一种基本运动形式,包括技术动作和技术能力。技术动作是指运动员完成某一技术时具体采用的方式方法。技术能力是指运动员运用技术的准确性、合理性以及所掌握技术的娴熟程度。

二、足球技术的分类

足球技术可分为无球技术和有球技术。

（一）无球技术

无球技术包括启动、跑动、急停、转身、跳跃、步法等六部分。

1. 启动

启动分为站立和非站立的姿势,是一个动作最起初的姿态。

2. 跑动

足球运动员在场上大部分时间都处于跑动中,分为侧身跑、变向跑、变速跑和倒退跑。

3. 急停

运动员随着攻防进程和比赛节奏的变换,随时需要通过急停切换动作,急停包括跨步急停和跳步急停。

4. 转身

转身包括前转身和后转身。

5. 跳跃

跳跃分为单脚跳和双脚跳。根据不同情况配合不同的技术动作的需要。

6.步法

步法分为跨步、滑步、移步、撤步、交叉步。

(二)有球技术

有球技术是指运动员在进攻或者防守的过程中对足球的各种控制能力。它分为一元单项技术、二元组合技术、三元组合技术和四元组合技术。

一元单项技术包括接球、运球、传球、过人、射门、抢断球技术。

二元组合技术就是将以上技术分别组合,如接球运球技术、接球传球技术、接球射门技术、抢球射门技术、抢球运球技术、断球过人技术等。

三元组合技术是将三个一元技术的组合运用。如接球运球过人技术、接球运球传球技术、抢球运球过人技术、抢球运球射门技术、断球运球传球技术等。

四元组合技术就是将四个一元技术组合应用。如接球运球过人传球技术、接球运球过人射门技术、抢球过人运球传球技术、断球运球过人射门技术等。

第二节　足球基本技术学练

现代足球比赛,要求运动员在快速奔跑中完成接、控、传、射、铲等一系列的技术动作。有统计数据表明,在一场90分钟的比赛中,双方争抢次数达300次以上,平均每10秒就发生一次对抗接触,如此频繁、凶悍的交锋无疑对运动员提出了巨大的挑战,拥有极致精湛、娴熟的技术是一切的前提。

对于足球后备人才,技术训练是训练的核心要素。长期系统的训练,目的是让青少年循序渐进地掌握全面的足球技术,并且发展出自己的技术特长。

一、颠球技术

颠球是指运动员可以用身体的各个部位连续地触碰球并控制球不落地。颠球是熟悉球性的主要训练手段,通过颠球逐渐熟悉球的弹性、重量、触感以控制用力的轻重。颠球的基本要领是找准球的中心。

(一)动作解析

1. 用脚背颠球

看准球路并正确地用脚接住落下的球。击球瞬间踝关节保持稳定,用力均匀,切忌用力过猛,始终让球控制在身体的周围。注意刚开始练习的时候,不用在意连续颠球的次数,更重要的是每次都能把球朝着正上方踢准(图 5-1)。

图 5-1 脚背颠球

2. 用脚内侧颠球

脚腕向内侧转,用内脚踝略偏下的位置轻轻地颠球,在小腿和地面处于水平的位置把球往上踢,使踢的位置和地面保持水平,同时需要看准球路。连续用脚内侧颠球是高难度动作,从单次接稳开始练习。

3. 用脚外侧颠球

脚屈向身体外侧,用脚的外侧面轻轻把球向上踢,踢球的位置应与地面保持水平。用脚外侧颠球是非常难的技术,应该慢慢练习才能找到动作要领和感觉。

4. 用大腿颠球

这个动作相对较为简单,注意膝盖弯曲,尽量用大腿的中心触球,这项技术也常常用于停球。需要注意的是膝盖如果抬得过高,会把颠起的球打向自己的脸,所以大腿应尽量与水平面平行(图5-2)。

图 5-2 大腿颠球

5. 用头颠球

用头颠球也是相对简单的动作,但是需要强调的是,直到头触碰到球的瞬间眼睛要一直盯紧球的走向,同时保持两臂自然伸展,以保持身体平衡。

6. 用肩膀颠球

眼睛需要紧紧盯住球,即便在肩膀碰到球的瞬间也不要转移视线,以保证球是向正上方颠起的。同时保持身体放松。

(二)颠球训练

(1)每人一球,独自练习,在规定时间内累计不落地的连续颠球次数。

(2)两人一球,相互传球颠球,一人颠一次然后传给对方。或者递增交换颠球,即甲颠一次给乙,乙颠两次再给甲,以此类推,可以增加训练的趣味性。

(3)多人围圈颠球。三人或三人以上即可,以球不落地为标准。

(4)"足排球"游戏,采用排球的规则,以身体颠球的方式进行比赛,颠球的部位不限,双方记次以分胜负。

（5）列队头颠球。集体成一纵队,从排头第一个人开始向上方颠球依次传给身后的队员,以球连续不落地的次数多者为胜(图5-3)。

图 5-3　列队头颠球

（6）身体各部位依次颠球。即左、右脚背,左、右脚内侧,左、右脚外侧,左、右大腿,左、右肩膀,头,胸口分别颠球,并不重复部位,也可以制定顺序以增加训练难度和趣味性。

（三）注意事项

（1）颠球的主要目的是锻炼球感,能够娴熟地颠球意味着具有了一定的控球能力。

（2）脚颠球时,注意踝关节收紧用力,不要松弛,否则会造成发力不稳定。

（3）头部颠球时不仅仅是颈部用力,而是身体的各部位一起协调用力。

二、运球技术

运球是指运动员在跑动的同时,控制球始终在身体的周围并传递给队友或者直接射门。运球体现了运动员的控球能力,它体现了比赛的推进节奏,为传球以及过人突破做准备。正确的运球技术,需要建立在对比赛情势的准确分析和判断的基础上,因此在运球中还应该培养良好的观察能力。

（一）动作解析

1. 脚内侧运球

运球前进时支撑脚位于球的侧前方，始终领先于球，肩部指向运球方向，支撑腿膝关节微屈，重心放在支撑腿上，另一侧腿提起屈膝，用脚内侧推球前进，然后运球脚着地。

2. 脚背外侧运球

运球时身体保持正常跑动，步幅不宜过大，上体稍前倾，运球腿提起，髋关节前送，膝关节稍屈，提踵，脚尖绕矢状轴向内旋转，使脚背外侧正对运球方向，在运球脚落地前用脚背外侧推拨球的后中部。

（二）运球训练

1. 人球分过

（1）练习方法。

在练习场地设置若干相互间隔 5 米的标志杆，学生持球站在第一根标志杆前进行绕标志杆运球练习，运球到标志杆前时把球踢向标志杆左侧而自己从右侧跑过控球，或把球踢向标志杆右侧而自己从左侧跑过控球，总之人与球要各自从杆的两侧通过，如此运球经过所有标志杆，反复练习。

（2）练习要求。

①教师先做正确的示范，使学生对动作结构有所了解。

②学生向标志杆一侧推球时要在距离标志杆 2 米左右处就开始推球，不能离标志杆太近的时候再推球，否则容易碰撞标志杆或不能顺利运球绕杆。而且向标志杆一侧推球时重心向反方向倾斜，以调整重心，顺利从标志杆另一侧跑过而及时控球继续运球。

③练习初期，可以适当拉大相邻标志杆的间距，或减少标志杆的数量，熟练这一练习后，标志杆之间的距离可缩短一些，标志杆的数量也可以多一些，增加练习难度。

④向标志杆一侧推球时不能太用力，要控制好力量和速度，这样才能保证人从标志杆另一侧跑过后可以及时控球。

⑤练习水平提高后,将标志杆用防守队员替代,进行对抗性练习,提高练习的强度和趣味性。

2.运球变速过人

（1）练习方法。

一名学生持球运球,另一名学生抢截防守,运球方式以直线运球为主,当防守者在运球者侧面防守并伺机抢截时,运球者用脚内侧扣球停止运球;当防守者突然停下来时,运球者快速起动用脚内侧推球继续向目标方向运球前进。

（2）练习要求。

①教师做正确而完整的示范,使学生对动作的结构与关键有所了解。

②运球过人的效果主要取决于扣球急停和起动推球跑的动作质量,要根据防守情况而控制急停时机和起动节奏。

③左右脚交替运球。

④隐藏变速节奏,不要被轻易识破。

（三）注意事项

（1）运球时注意跑动步幅不能过大,以防有对手拦截时能灵活应变。

（2）运球脚的力量一定要稳定并且适当,安全控球始终是前提,如果前方一定距离内没有对手阻截,可适当加大推球力度,快速前进。

（3）运球的同时要养成观察场上环境的习惯,兼顾运球和全局的微妙变化。足球赛场上可谓瞬息万变,激烈异常,因此在一开始学习的时候就要养成适应比赛的良好习惯,杜绝一味地低头看球。

（4）运球时除了要把球推进到目标区域以外,同时非常重要的是随时用身体掩护球不被拦截。如果遇到对手跟随,应该及时变换运球的脚,以远离对手的一侧脚运球,同时用身体阻隔对手靠近球。

三、传球技术

传球是组织有效进攻、突破对方防线和创造射门机会的主要手段。传球不只是将球传给目标队友,同时要对队友的跑动有预见性的判断,做到准确、安全地将球传给队友。现代足球讲求传球快速和全攻全守，因此比赛中对传球技术的要求越来越高，除准确性以外，对传球的隐蔽性、突然性都提出了新的要求。传球还是在比赛过程中联结运动员的纽带，是组织配合的基础。

（一）动作解析

1. 短传

支撑脚在球的侧后方，踢球腿以大腿带动小腿迅速发力，以脚内侧或脚背外侧触球的后中部，并以适当的力度推拨球至目标位置。短传力度无须过大，摆腿和脚踝的转动幅度也不大。传球后身体随即调整姿态，准备下一步的接应和配合。

2. 中长传

传球时运动员尽量与出球方向形成45°角助跑，支撑脚落于球的侧后方，膝部弯曲，使身体重心下降并稍向支撑脚一侧倾斜。助跑后在支撑脚着地的同时，踢球脚自然后摆并以脚尖带动膝关节向前用力踢球，注意脚尖稍向外转，中、长传主要使用脚背内侧踢球的技术。

3. 头顶传球

准确判断来球的高度和落点，并决定起跳的时机和位置。两脚前后或左右开立，两臂自然张开以保持身体平衡，眼睛始终保持注视来球，当顶球时，两脚用力蹬地跳起，同时收腹、甩头用力迎球，尽量顶球的后上部，这样可以使球尽可能地落于队友的脚下，以便其更好地控球。头顶传球是处理空中球的主要方法，而且可以争取时间和空间的优势，不待球落地已将球传给队友。

4. 传弧线球

弧线球分脚背内侧传弧线球和脚背外侧传弧线球两种。脚背内侧弧线球，踢球腿略带弧线摆动，在踢球的瞬间，踝关节用力向里转并上翘，使球成侧旋沿一定的弧线运行。当传脚背外侧弧线球时，人与出球方向成正面助跑，踢球前，脚跟提起，脚尖着地并内转，踢球瞬间，踝关节用力击球后中部，随后踢球腿向支撑脚一侧的前上方摆动，以加大球的旋转力量。传弧线球一方面能更快地将球传给队友并组织进攻,另一方面让对方难以断抢。

除此之外,还有转身传球、胸部传球、脚后跟传球等难度较高的传球技术,需要在熟练掌握基本常用的技术之后再进一步学习和训练。

(二)传球训练

1. 脚内侧短传、脚外侧短传

两队队员相距 5 ~ 8 米,甲队的第一名队员将球传给乙队的第一名队员,随后第二名队员跟上,以此类推。

2. 前进与倒退跑中的短传

两人一组相对而站,一人向前跑的同时一人倒退跑,在匀速和变速跑的过程中相互传球。

3. 多人传球综合练习

(1)队员分为两组,分别在场地的两边练习运球下底传中(图 5-4)。

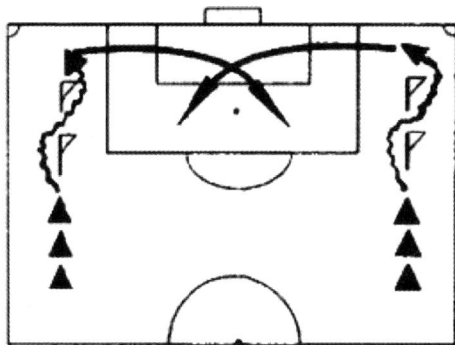

图 5-4　运球底传中训练

(2)队员分为两组,A 与 C 一组,B 与 D 一组。A 短传给 C 以后立即插上接 C 的回传球,并在接球后做 45° 斜长传。B、D 组以相同的方法同时进行练习(图 5-5)。

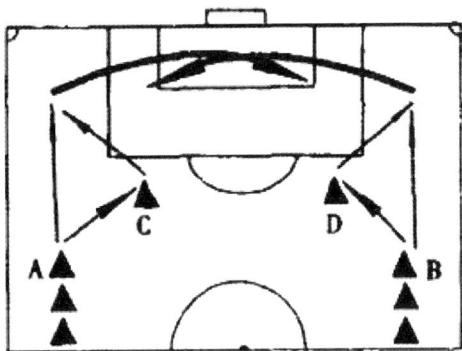

图 5-5　短传和斜长传组合练习

（三）注意事项

（1）传球前要观察周围的环境，之后才能对传球的方向、距离、落点等有准确的判断和决策。

（2）不论是短传还是中、长传，都应该追求准确无误、力量恰当。同时能预判球运行的时间和落点，以及队友接应所需要的时间和位置，传出的球力争做到"球到人到"。

（3）摆腿的摆速、摆幅与传球的距离成正比。摆速越快，摆幅越大，所传的球力量越大且距离越远。

（4）应尽量保证传球的质量，若条件允许尽量使球在被传出前处于平稳的状态。

四、踢球技术

踢球是运动员有目的地用脚把球踢向预定目标的技术，是足球技术中最重要的技术，主要用于传球和射门。

（一）动作解析

1. 助跑

助跑是踢球前起到调节作用的几步跑动。前几步跑小步，为最后一步做铺垫，最后一步要大一些，这一步非常关键，这是为踢球腿能够充分摆动、增加摆腿速度、提高击球准确性以及踢球后制动身体的前冲创

造条件。其中,踢球腿的摆幅越大、摆速越快则踢球的力量越大,球的
运行速度越快,运行距离就越远。因此,踢球腿摆动动作的质量直接影
响着踢球的质量。尤其踢活动球时,在支撑脚落地时,球还在运行之中,
要把踢球腿后摆的时间计算在内。

　　助跑的作用是调整运动员与足球的距离、方向、角度,方便找到踢球
时支撑脚的最佳站位,最终给出完美的一击(图5-6)。

图5-6　助跑

2. 脚内侧踢定位球

　　以右脚踢球为例,先助跑,右脚脚尖正对目标方向,接近球后,右脚
尖翘起,脚掌平行地面,以右脚内侧踢球。双臂配合前后摆动(图5-7)。

图5-7　脚内侧踢定位球

3. 脚背正面踢定位球

　　以右脚踢球为例,直线助跑,屈右膝,右腿后摆,接近球时,右小腿
爆发式前摆,以脚背正面踢球后中部。然后身体继续前移,直至重心稳
定,身体平衡(图5-8)。

图 5-8　脚背正面踢定位球

4.脚背正面踢侧面半高球

以左脚踢球为例,身体侧对目标方向,身体右倾,左腿上抬并快速向前摆动,以左脚脚背正面踢球中部(图 5-9)。

图 5-9　脚背正面踢侧面半高球

5.脚背外侧踢定位球

脚背外侧踢球时脚踝相对比较灵活,摆腿方向可有多种变化,以正常的姿势助跑,所以这种踢法的出球隐蔽性强,在正式比赛中运用不多。

6.脚后跟踢定位球

这是一种出球方向向后的踢法,隐蔽性和突然性很好,但踢球力量小。球在支撑脚的外侧时,踢球脚在支撑脚的前面交叉并摆到支撑脚的外侧用脚跟踢球。球在支撑脚内侧时,踢球腿后摆用脚后跟踢球即可。

7.脚尖踢定位球

一般是支撑腿迅速上步,踢球腿尽量前送,小腿前伸,以踢球腿的最大长度,踢距离身体较远的球。由于出球非常迅速,适合于场地泥泞湿滑的比赛,同时也是一种在门前快速完成射门的技术。

(二)踢球训练

1.各种踢球技术动作的模仿练习

设想地面有一目标(足球),跨步上前做踢球动作,然后过渡到几步慢速助跑的踢球模仿动作练习,最后可做快速助跑踢球的模仿动作训练。

2.踢定位球练习

可对着足球墙、足球网练习,也可采用各种形式的对练,练习距离由近至远,练习重点放在动作协调性和准确性上。

(三)注意事项

(1)助跑时最后一步步幅要大,为踢球腿摆腿留出足够大的空间。
(2)踢球后随着踢球腿的前摆和送髋,身体重心前移,可以控制出球方向,保证踢球力度,随后应注意缓和身体前冲的惯性,并与下一个动作衔接。

五、接球技术

现代足球对接球技术有两个方面的要求:一是停球,运动员有目的地运用身体的合理部位将运行中的球停下来,并控制在所需要的范围内;二是将停下的球快速控制并连接下一个技术动作。

接球是为下一个动作服务的,接球质量的好坏直接影响着下一个动作的顺利完成。足球比赛中要求接球动作快速且准确。来球的性质、状态不同,接球的部位和方法也不同。

（一）动作解析

1. 脚背正面接球

以右脚接球为例，左脚支撑重心，右脚上抬接球，脚背触球后右腿收回（图5-10）。

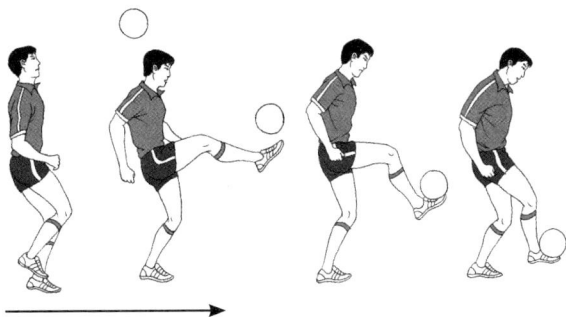

图 5-10　脚背正面接球

2. 脚内侧接球

以右脚脚内侧接地滚球为例，屈右膝，右脚稍抬离地面，触球后右脚着地，并稍向上提，使球向身体侧对方向缓缓滚进（图5-11）。

图 5-11　脚内侧接球

3. 大腿接球

面对来球，根据球的落点迅速移动到位，接球腿屈膝抬高，当球和大腿接触的瞬间大腿下撤将球接到需要的位置上（图5-12）。

图 5-12　右腿接球

4．接地滚球

（1）脚底接球。因为脚触球的面积较大，动作简单，是最常用到的接球方式。接地滚球时人向前迎球，接球腿屈膝提起，待接近球时用脚底触球、稳球，并控制于身体前侧(图 5-13)。

图 5-13　脚底接球

（2）脚内侧接球。支撑脚脚尖对来球，膝关节微屈，同时此侧肩膀正对来球。接球腿提腿的同时大腿外展，脚内侧正对来球并前迎。当脚触球的瞬间迅速后撤，把球平稳控于脚下。

（3）脚背外侧接球。支撑腿膝关节微屈，接球腿提起同时屈膝，脚内转使脚背外侧和小腿与地面成锐角，而且正对着接球后球的运行方向。然后脚离地面，同时大腿向接球后球运行的方向推送。脚背外侧接球时摆腿的方向与接球的方向相反，可用于迷惑对手，如果能够与假动作一起使用的话效果更好。

5. 接球转身

首先迎球跑动,待快到接近球的时候用接球脚将球停住,支撑脚顺势向前跨一步,并蹬地以制动,紧接着待着地后以脚掌为轴带动身体向后转动180°,此时接球脚以脚背向身体转动的方向推球,从而完成接球转身动作。

6. 接空中球

根据来球的高度不同,采用不同的部位接球。可以是头部、胸部、大腿、脚内侧或者脚背正面。注意当遇到较大力量的来球应该先迎后撤。如果用脚内侧接球,要提腿并充分外转,以脚内侧对准来球。如果用脚背正面接空中来球,重心应放在支撑脚上,接球腿脚背正面对准来球,屈膝提腿,当球与脚接触的瞬间,大腿、小腿、踝关节同时放松下撤,以缓冲球的力量,并使球平稳落地。熟练之后,接球时接球腿仅靠踝关节在触球时的放松缓冲也能达到同样效果。

接空中球的时候会根据不同情况选择几种不同部位接球。

(1)用大腿接球。当用大腿接空中下落球时,以大腿中部触球。同样要做好先迎后撤的动作,在触球的瞬间,接球腿迅速向下撤引以缓冲球的力量,同时将球控制在身体前侧。

(2)用胸部接球。用胸部接空中球分为挺胸接球和收胸接球。挺胸接球时,身体正对来球,两膝微屈,上体稍微后仰,触球时挺胸并屏住呼吸,使球触胸后向前上方弹起,注意在触球的瞬间判断来球的力量大小,并适当后撤以缓冲力量。收胸接球时,身体稍稍前倾,当球一触胸,迅即收胸、收腹以使球顺势落于脚下(图5-14)。

图5-14 胸部接球

（3）用头部接球。头部接空中球时身体稍向后仰,两眼紧紧注视来球,以前额正面迎球,在触球瞬间,头向上轻抬,身体迅速后撤,以缓冲力量。

（4）用腹部接球。当来球突然且于腹部高度附近时,可以选择腹部接球。同样使用先迎后撤的方式,先挺腹,在腹部触球之后含胸收腹以泄力并顺势将球停于脚下。

（二）接球训练

1. 跑动中迎球接球

（1）练习方法。

3人一组,两组练习者相距12米面相而立,A组排头练习者持球向B组排头练习者传球,传球后跑回A组队尾。B组排头练习者向来球方向迎球接球并向A组第二名练习者回传,同时跑回B组队尾。后面的练习者按同样的方法依次练习。

（2）练习要求。

①接球的练习者要先做突然起动、跑等摆脱动作,然后接球回传,要对练习者的摆脱意识予以培养。

②找准踢球点,准确完成传地滚球。

③熟练球性后跑动传接球速度逐渐增加。

④跑动、接球、回传的动作一气呵成,协调连贯。

2. 接应对抗传接

该练习能够促进学生接应能力和摆脱防守的意识提高。

（1）练习方法。

将练习者分成两队,每队各3人,两名目标球员分别站在练习区域两端,两队练习者在规定区域来回对抗传接球,目的是成功向目标球员传球。

（2）练习要求。

①两队练习者接目标队员传来的球时,要快速跑动,灵活摆脱防守,方法有急停、急转等。

②练习者接球后尽可能伺机转身向另一名目标球员传球,既可以通过个人突破来完成,也可以通过与同伴的配合来成功传球。

③注意观察,相互配合,准确传球。

④目标球员每接到一次球后向对抗区域传球或运球,与对应的练习者调换位置,继续练习。

⑤合理对抗,注意安全。

（三）注意事项

（1）接球前先判断来球的高度、落点,以此决定接球部位和接球方法。

（2）要主动迎球接球,不要原地等球接球。

（3）接空中球时,如果仅靠一个动作不能达到目的,可以运用其他接球技术配合接球,最终达到平稳控球的目的。

（4）在比赛中接球之后一定紧跟着衔接着其他技术以达到进攻或防守的目的,因此在训练的时候就要养成运用技术的同时观察场上情况的习惯,这样每个技术的运用都是紧密连贯、有清晰目的的。

（5）实践中对有些空中来球,没有限定哪个部位接球最好,以最快控球为原则,可以结合多部位接球。

六、抢断球技术

（一）动作解析

抢断球是指运动员在规则允许的范围之内使用合理的技术和身体部位抢夺控球权,或者破坏掉对手的控球权。从技术上分为抢球和断球两种方法。抢球是指球原本由进攻者掌控,防守者由守转攻抢到控球权;断球是指球在进攻者控制时,在传球或者射门的过程中,球被对方控制或破坏。

1.抢球

正面抢球时,放低身体重心以便随时出击,双眼紧盯对手脚下的球,当对手触球脚离球落地或重心已经移至即将落地的触球脚的瞬间,快速跨步并将重心落于抢球腿上,将球封挡在抢球腿的内侧,从而控球。如果双方同时用脚挡球,处于双方夹球的状态,那么可以顺势提脚,在抢球脚不离球的情况下将球从对手脚面滑过,身体重心也迅速转移挡住对手并完全控球(图5-15)。

图 5-15　正面抢球

　　抢球时还经常使用晃动身体等假动作,或者假装朝计划实施抢球的相反方向移动,引诱对方做出错误的判断,而制造真正的抢球机会。

　　侧面抢球时,抢球者紧降低身体重心并靠紧对方,待对方靠近自己一侧的腿离地时,使用合理的身体冲撞使对方暂时失去身体平衡,从而达到抢球目的(图 5-16)。

图 5-16　侧面抢球

2. 断球

　　处于对手侧面的防守者事先做好降低身体重心随时启动发起进攻的准备,一旦判断出来球的落点,则快速启动,抢占对方近侧肩之前的位置并压住对方,用脚或者胸部断抢来球,达到控球目的。

　　如果是断抢高空球,处于对手侧面的防守者应快速靠近对手并抢先落于对手的侧前方,用力起跳抢顶来球至目标位置。若防守者位于对手后方,则应该抢先起跳并前倾身体令进攻者无法正常起跳,并利用该时机抢断来球。

3. 封堵

封堵主要指封堵对方的传球路线,一是封堵最危险的路线,二是封堵对手向前的传球路线。一般是用脚、躯平直接挡住,或者通过跳起等方式封堵。注意一般用侧身位并保持一定的距离,不给对方突破的机会。封堵对方前进运球的原则是放边不放中,放回不放前。

4. 铲球

(1)正面铲球。当防守者正对持球者时,可用倒地扫铲的方式铲球。当持球者的踢球脚离开球的瞬间,防守者一脚后蹬,同时用另一腿向前滑出以封死对手的一面去路,紧接着蹬地脚横扫至目标方向,达到破坏持球者控球的局面。

(2)侧面铲球。当防守者位于控球者侧方或侧后方的时候,也可以通过铲球抢球。当持球者脚离开球的瞬间,防守者靠近持球者一侧的脚用力蹬地,用远侧腿从地面滑出,以脚掌将球铲出。身体倾斜顺着铲球方向倾倒,并以手臂支撑以缓冲力量(图5-17)。

图5-17 侧面铲球

（3）双脚铲球。当处于较远距离时也可以双脚铲球,这时双脚同时蹬地身体倾斜以双脚铲球,或者单脚蹬地,然后双脚在空中并拢一起铲球。同时注意用双手缓冲着地,并迅速翻转起身,进入下一个动作。

铲球除了可以用于抢球,同时也可用于铲射或者铲传等,只要条件允许可以灵活运用于比赛中。

（二）抢断球训练

1. 一对一紧逼训练

两人一组,负责进攻的队员要敢于上前紧逼持球队员,同时降低重心,寻找机会抢断球,阻止对方运球突破。两人通过互换攻守方角色进行训练。

2. 铲球训练

两人一组,持球方运球前进并随时以身体掩护球不被对方抢断,另一人紧紧跟随并伺机进行铲断练习,可以从单脚铲球开始,同时注意切勿造成伤害事故。

（三）注意事项

（1）抢断球的时机非常重要,过早或者过晚都会错过最佳机会,直接影响效果。
（2）抢断球时双方对抗十分激烈,注意不要犯规和伤害球员。

七、运球过人技术

运球过人是摆脱对手、突破防守、组织进攻的重要手段,有时也用来变化进攻速度或调节比赛节奏。运球过人是运动员用合理有效的运球手段突破对手或者越过对手。运球过人是进攻过程中的重要手段,需要球员具有高超的加速能力、反应能力和协调能力。

（一）动作解析

1. 变向过人

（1）拨球变向过人。拨球过人一般是运用踝关节的内外转动并拨球以达到转向的目的。一般在拨球前向预备拨球的相反方向运球以诱导对手重心偏离,然后迅速拨球完成过人动作。

（2）扣球变向过人。扣球过人一般用于需要让球的运行方向发生较大变化的情况。准备变向时,抬起运球腿并向下压,用脚内侧或脚背外侧扣球,使得运行中的球急停或者变向。用脚背外侧扣球叫作外扣,用脚内侧扣球叫作内扣。

（3）拉球变向过人。拉球是指用脚掌迅速将球从一个方向向相反方向拖拉的动作。

2. 假动作过人

（1）虚晃过人。当防守者正面抢球时,持球者可用运球脚内侧佯装向左（或者右）拨球,待对手向同侧转移重心之后,迅速用运球脚外侧向相反方向拨球,同时配合身体的虚晃以达到更好的效果。

（2）跨步过人。当防守者从身后追抢时,持球者可以佯装让球在裆下跨步迈过,做出向跨步方向运球的姿势,同时身体配合向前,当对手做出同方向的移动或重心转移后,迅速向反方向转身运球,把对手抛在身后,实现过人成功。

（3）速度变化过人。持球者运球时故意减速,以诱骗对手减速,然后以远离对方的脚突然发力,使球加速运行至稍远的目标位置,完成加速过人。

（4）假停过人。当防守者多人在侧面追抢时,持球者可用脚在球上做出制动的假停动作,当对手误以为真并随之也减速欲停时,持球者迅速推球并加速向前以摆脱对手。

（5）人球分过。在一对一过人并且对手的上半身前倾时使用人球分过技术将十分有效。当确认对手背后空档,同时观察对手的平衡状态,当机立断把球运到对手够不到的位置,然后迅速绕到对手身后继续控球。注意推球的力度非常关键,太远或太近都直接影响运球过人的效果。

（6）克鲁伊夫转身过人。这是在高速运动中的虚晃一脚。运球的同时观察对手的状态,用远离对手的脚虚晃伴装向前踢球,当对手减速的瞬间用刚才虚晃的脚内侧把球向后方推送,稍微屈膝,让球通过轴心脚的脚底,立即转身控球并提速完成过人。

（二）运球过人训练

1.连续过人练习

A、B、C 三人一组,两两之间隔间 10 米。A 持球连续过 B 和 C。三人轮流转换攻防角色进行练习。

2.人球分过练习

两人一组,A 持球运球,B 在近旁寻求突破,A 护球的同时观察 B 的动作,趁 B 重心转换之际,且确认 B 上身前倾且身后安全,迅速将球推至 B 的身后,并快速随球上前,完成人球分过。两人互换角色练习。

（三）注意事项

（1）运球过人时注意时机要选准,一般选在对手重心不稳或重心转换时进行。

（2）假动作的要领是出其不意攻其不备、"假慢真快",做假动作时要慢,待对手随之做出回应之后,再突然加速或者转向,迅速过人。

（3）运球过人时,需要与对手保持恰当的距离,太近容易被抢断,太远动作效果打折,则失去动作的意义。

第三节　足球重点技术学练

一、射门技术

射门是把握宝贵的得分机会,完成进攻目标最关键的技术,射门技术完成的好坏直接决定着进攻的成效。

（一）动作解析

1. 直接射门

（1）地滚球。地滚球直接射门时，应根据来球的性质选择用脚背正面或者脚背内侧、脚背外侧踢球射门。在上前迎球时应注意留取一定的提前量。射门时上身稍前倾，摆腿适当，击球的后上部以保证出球高度不超过球门横梁。直接射击侧面来的地滚球时，支撑脚的着地位置同样要留取适当的距离，并预估适当的角度。

（2）高球。高球射门的关键是准确判断来球的落点。踢球腿摆腿时注意上提，踢球的后下部。踢侧身球时身体侧对出球方向，踢球的后中部。跳起背向踢凌空球需要准确判断来球的路线以及落点。选择恰当的时机身体腾空后仰，一条腿上摆踢准球的后中部。对于距离身体较远的平空球，可选择鱼跃顶球射门。以单脚或双脚蹬地起跳，身体呈水平趋势向前冲起，并以身体的冲力顶球射门。选择此方式射门需要注意双手落地保护和平衡身体。对于正前方的高球，可以直接跳起头顶球射门（图5-18）。

图 5-18　高球射门

2. 运球射门

运球至最后一步，推球力量稍大，距离稍远，以便助跑发力。由于运球射门时球是向前滚动的，所以支撑脚着地较球靠前，留出一定的提前量，运用脚背正面、脚背内外侧踢球的方式射门。

3.接球射门

接球射门其实是连续完成两个动作,即先接球,再射门,且两个动作之间要流畅娴熟,一气呵成才能达到最佳效果。其要点是迅速判断并选择最合适的身体部位接球,尽量直接平稳控球,同时以身体为屏障隔离对手,并以最快的速度射门。

4.任意球射门

任意球射门主要是以弧线球完成。注意选择一定的助跑距离,它体现了运动员踢弧线球的基本功以及能否稳定发挥。

(二)射门训练

1.横向跑动争抢球射门

(1)练习方法。

3名练习者组成一组,两组练习者间隔10米左右的距离在罚球弧两端做好抢球准备,教师向罚球弧中间传球,两端的两组练习者及时跑到中间抢球,抢到球的一组伺机射门,另一组抢截防守。

(2)练习要求。

①教师用适度的力传球,尽可能将球传向罚球弧中间,使两侧的两组练习者抢球机会均等。

②抢到球的一组练习者把握好机会,伺机射门,不能因为抢到球而过于兴奋忽视了射门的任务,而且即使抢到了球也随时可能被抢断球。

③没抢到球的一组练习者在规则允许的范围内抢截防守,阻拦对方射门。

④抢球后射门很关键,攻守双方都要打好配合战。

2.一对一抢点射门

(1)练习方法。

练习场地为20米×20米的平坦场地,场地上有标准移动球门,3名练习者为一组,两组练习者一起练习,如A组和B组各有3名练习者,两组各派两名练习者站在训练场地的四个角处并各持一球,剩余两名练习者在场地中间担任进攻者和防守者。开始练习时,A组持球者传球给场地上的同伴,同伴接球后伺机射门,此时 B 组站在场地中间的队员作为防守者积极防守,直至 A 组队员顺利射门或 B 组队员成功抢截球后结束该练习。然后 B 组持球者向场地中间的队友传球,按同样的方法练习。场地中间的练习者和站在角上的练习者互换位置练习。

（2）练习要求。

①进攻者射门后立即转变角色,成为防守者而拼抢对方的球。

②防守者拼抢球要积极,进攻者要抓住机会摆脱防守,成功射门。

③练习者在规则允许范围内可以用身体多个部位抢点射门。

④逐渐增加对抗难度,如增加防守者的数量或在更大的场地上练习。

3. 两次摆脱跑位争抢球射门

（1）练习方法。

在罚球区及中圈之间并排放两根间隔 15 米的木杆,两组练习者在木杆后的站位均与木杆间隔 10 米。教师发出口令,两组排头练习者立即起动向两侧木杆跑进,直至平行于木杆时,教师传球,两名练习者急停转身抢球并射门,没抢到球的练习者积极防守。

（2）练习要求。

①练习者注意力高度集中,听口令后快速起动,并准确把握来球方向,做好急停转身抢球的准备。

②双方要在规则允许的情况下积极争抢球,成功抢球后将球保护好,伺机射门。

③安排一名守门员,增加射门难度。

④教师用适度的力传球,保证练习者抢球机会均等。

（三）注意事项

（1）射门时往往也是双方争抢最激烈的时候,这时一定要用远离防守者的脚射门,以身体掩护控球。

（2）头顶球射门时出球往往偏高,为提高命中率,可在顶球时略降低目标位置。

（3）无论哪种射门技术,都需要"快、准、狠",每一次射门时都应迅速决断,把握住稍纵即逝的宝贵机会。

二、守门员技术

守门员是球队的关键角色,一位可靠而拥有威信的守门员可以提高全队的士气。守门员的技术包括准备姿势、移动、接球、扑球、拳击球、托球、掷球和踢球等。其中守门员的接球技术又包括接地滚球、接平直球、接高空球等。可以说守门员的技术好坏将直接影响比赛的结果,同时,守门员的职责不仅仅是守住球队的最后一道防线,还要能组织全队进行有序攻防。

(一)动作解析

1. 准备姿势

两脚开立,两腿屈膝并稍内扣,脚跟稍提起,前脚掌支撑重心,上体稍前倾。两臂于体前屈肘,双手自然张开,掌心相对,目视来球(图5-19)。

图 5-19　准备姿势

2. 站位

守门员应该站在能最大限度封挡住对方的射门的位置。理论上应该站在射门角的分角线上。分角线就是射门点和两个门柱构成的角度。一般情况守门员会站在略靠前的位置以缩小射门角。如果射门点距离球门较远,那么来球有可能是高吊球,因此这时候守门员不宜离球门过远。如果球在对方半场,守门员可以靠前并和后卫保持一定距离。如果球在本方半场,守门员应站在距离球较远的门柱附近。

3.移动

守门员为了堵截对方的传球和射门,必须根据对方射门前球和人的位置变化而调整左右移动,移动方式主要是侧滑步、交叉步。

4.接球

（1）地面球。接地面球常见的有直腿式(图5-20)和跪撑式(图5-21),直腿式指面对来球弯腰迎球,两腿间距离以能阻挡球通过为标准,两手张开将来球抱收怀中。跪撑式用于向两侧移步接球时使用,如需要接右侧球,右腿屈膝并近乎跪地,双手张开接收来球。

图5-20　直腿式接球

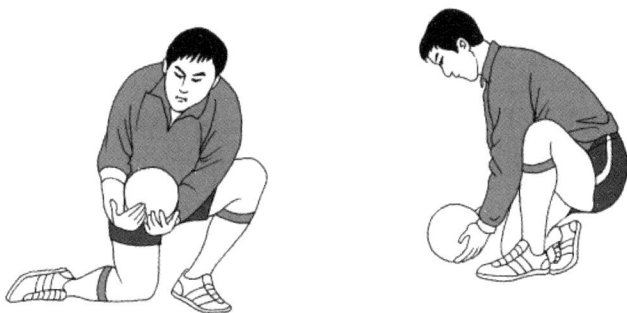

图5-21　跪撑式接球

（2）平直球。平直球是指高度在胸部之下的空中球。接球时上体前倾,双手手指张开手心向上,当手触球时注意微微后撤缓冲。

（3）高空球。这里是指原地接正面高空球,配合单脚或者双脚跳起一起完成。原地接高空球时两只手臂需要向上高高伸起,以两拇指成

"八"字的姿势迎球,触球后靠手指和手腕的配合将球紧紧扣住并收于怀中。同时注意准确选择接球点是成功的关键(图 5-22)。

图 5-22　接高空球

如果是接身体两侧的高空球,两手臂根据判断来球的高度伸到相应的高度,以离球近的一侧手手心略向前,准备接来球的后部以挡住球的射门路线,另一只手张开接球的上部,两手同样成"八"字做合球状,触球后手腕紧扣并收回手臂抱球于胸前。

5. 扑球

扑球是当移动身体已经来不及接球的情况下采取的防卫手段。可分为原地扑球、跃起扑球、扑脚下球、扑平直球和扑高球几种技术。

(1)原地扑球。如果扑右侧球,则右脚先用力蹬地,然后身体顺势向右侧倒下,两手臂伸直,一手接球后部,一手接球的后上部,双手合球将球紧紧扣住。注意接球时眼睛始终盯紧来球的路线。

(2)跃起扑球。以要扑倒的同侧脚先蹬地,身体重心降低并尽量贴近地面伸展,以整个身体阻挡来球射门。

如果是距离较远的空中球,还需要先移动一段距离再跃起扑球。这时候需要守门员有快速且准确的判断力,如果距离判断失误将直接影响扑球的效果(图 5-23)。

图 5-23　跃起扑球

（3）扑脚下球。扑脚下球的要点是重心更低,身体横展并力争封角,落地后团身裹球以防脱手(图 5-24)。

图 5-24　扑脚下球

（4）扑平直球。扑平直球动作类似跃起扑球并注意展体充分,手指及手掌用力抓住球,以防在肩部着地时受地面的冲力让球脱手。

（5）扑高球。扑高球的动作要领是腿先着地,有利于手、手腕以及上肢的稳定控球。

6. 托球

预判来球运行轨迹,然后向后跃起,离球近的一侧手臂向后充分伸展,五指稍张,以前掌托球(图 5-25)。

7. 拳击球

在没有把握接住球的情况下,为了避免接球脱手,采用拳击球。准确预判来球运行轨迹,快速移动到位,手握拳,来球靠近后用拳击球(图 5-26)。

图 5-25　托球

图 5-26　拳击球

8.发球

发球是守门员组织和发动进攻时主要使用的手段。优秀的守门员一次发球距离可达 40 ~ 50 米,是成功率非常高的一种手段。它一般分为单手肩上发球、单手低平发球、勾手发球、踢凌空球和踢反弹球。

(1)单手肩上发球。单手发球时掌心牢牢地扣球,利用后腿蹬地、转体挥臂以及甩腕的力量将球抛出。要点是整个躯体动作协调一致,衔接流畅(图 5-27)。

(2)单手低平发球。与肩上单手发球的动作区别是发球时身体重心降低,手臂位置也随之降低。

(3)勾手发球。勾手发球利用身体较大的转幅所带来的惯性,因此力量较大,发球时单手手掌和手指扣球,于身体的侧后方发力,发球后身体的随惯性向前,注意维持平衡(图 5-28)。

图 5-27　单手肩上发球

图 5-28　勾手发球

（4）踢凌空球。踢凌空球多用于发动进攻反击,本方守门员可直接将球踢至对方罚球区前沿区域,一般使用脚背正面将球踢出。

（5）踢反弹球。踢反弹球是指自抛球落地反弹的瞬间踢球发球的技术。这种球抛物线小,易于同伴接球。

（二）守门员技术训练

1.快速移动中扑接球练习

（1）练习方法。

场地中设若干障碍物,守门员与教师各站于一侧,教师持球。练习时,守门员快速跳跃及躲闪障碍物后立即扑接教师射来的球。

（2）练习要求。

①守门员听口令后开始起动。

②守门员以最快速度通过障碍物，马上做出扑球的准备动作。

③守门员紧盯教师踢出的球，果断倒地扑接球。

④守门员扑接球动作要准确。

2. 扩大防守区域练习

（1）练习方法。

教师持球从不同角度向罚球区传球，守门员在球门前做好准备，目视来球而迅速出击，在罚球区内直接将球踢向预定地点。

（2）练习要求。

①守门员不能用手碰球。

②教师传球要富于变化，将高低不同的传球和快慢不同的传球结合起来。

③守门员目视来球方向迅速出击。

④守门员适当调整自己的姿势，准确朝预定地点踢球。

⑤守门员采用不同的脚法踢球，要根据对来球的判断而选择适宜的脚法。

3. 正确选位及扑接各种来球的练习

（1）练习方法。

站在罚球点球处的教练员持球准备射门，守门员在球门前站好做好扑接准备。教师采用不同的方式以不同角度射门，守门员根据来球情况而选择扑接方式。例如，教师向左射地滚球，守门员向左侧倒地扑接地滚球；教师向右射半高球，守门员向右鱼跃扑接半高球。每完成一次扑接球，守门员都要再次调整站位，为下一次扑接球做准备。

（2）练习要求。

①守门员站位合理，这是扑接球的基础。

②以准确、规范的技术方式完成扑接球。

③提高扑接球的质量。

（三）注意事项

（1）足球比赛是团队行为，需要整体队员的完美配合才能打出高水平的球赛。守门员的技术虽然自成体系,但是也需要熟悉其他技术并有一定程度的掌握,这样在比赛中才能做到整个球队的默契配合。

（2）守门员最常用的是接球技术,对于后备青少年运动员来说,应该加强练习接球手型,避免接球不稳。

（3）守门员无论是接球还是扑球,都建立在对球的运行速度、角度和力量有准确的判断之上。因此除了技术之外,观察能力、反应能力以及决断力都是需要培养的非常重要的能力。

第六章

校园足球战术教学与训练

　　足球振兴目前已成为全国人民的强烈愿望,我国足球正处于快速的发展建设阶段,要想在足球这项运动项目中取得大的突破,需要加强对足球后备人才战术能力的训练。战术综合体现着一个球队的技术、全体球员的身体素质和意志品质,在比赛中非常重要。本章将系统介绍足球战术理论知识以提升足球后备人才的理论素养。希望通过本章的学习,我国足球后备人才对战术有更加深刻的了解,也希望教练员能够改进训练工作,早日实现足球振兴。

第一节　足球战术理论概述

一、足球战术概述

（一）足球战术的概念

　　足球战术指在足球比赛过程中,运动员根据场上赛况,通过个人的努力或集体成员间的相互配合,为取得比赛胜利采取的各种方法、策略。

好的战术要想充分发挥其效用离不开运动员精湛的技术和良好的体能。选择合理的战术、根据赛况调整和改变战术都是使比赛取胜的关键因素。

（二）足球战术的本质

足球比赛赛况激烈,局势瞬息万变,足球运动员要在有限的时间内发挥自身潜能,将足球知识、技术融会贯通,取得最终的胜利。简言之,足球战术的本质就是在比赛过程中争取时间和空间上的优势。双方球队需要通过一系列的对抗活动为得分创造机会并有效限制对方的活动,防止对手得分,取得实际的控球权。而在对抗过程中使用合理的战术,让对方暴露可利用的空间,能够在很大程度上实现抓住时间差,顺利进球得分的目的。战术的时空性是运用不同战术（进攻战术、防守战术等）的重要依据,只有在比赛中获得时空优势,才有可能取得最终的胜利。

（三）足球战术的具体特点

随着时代的发展,现代科学技术应用于足球这项运动,使足球战术得到了快速的发展。

1. 对抗激烈

全体球员通过一系列的战术活动争取控球权,期间充满身体冲撞、带球突破、贴身紧逼等不同类型的高强度对抗。据相关数据统计,在战术使用中,对抗性技术占全场技术使用的一半以上,有一半以上的战术通过对抗形式实现。因此,在现今的比赛中可利用的用来创造空间优势的时间被大大缩短,创造空间、时间优势变得尤为困难,比赛的对抗性质也会日渐凸显。

2. 攻守快速转换,比赛节奏多变

球员为了保证防守安全,创造进球机会,需要快速切换各种进攻防守战术,这无疑对球员提出了更高的要求。球员在进行快速战术切换的同时,需要保证自身的控制能力,与队友进行有效配合并维持高技术战术水平。

足球比赛的节奏受到全场球员有球无球活动、快速慢速活动、宽度与纵深规律等各种因素的影响。现代足球运动已实现了由单一节奏向复合节奏的转变。

（四）足球比赛中的战术把握

战术把握需要保证攻守平衡、快慢节奏适中、稳健与冒险兼顾、集体与球星的协调等。

1. 保证攻守平衡

进攻战术为射门机会创造条件，防守战术保证少失球。二者相辅相成，与最终比赛的结果密切相关，因此，要争取做到攻守平衡，不忽视任何一方面的内容。

2. 调整比赛节奏，稳健与冒险策略相结合

在足球比赛中，对比赛节奏的控制是非常关键的，而控制比赛节奏的重点在于控制比赛速度。球员抢到球后应快速做出反应，加快进攻速度。若缺乏快速进攻的条件和能力，则应该做到精心布局，稳扎稳打，逐步推进，在发现对方防守漏洞时果断出击。谁控制了比赛的节奏，谁就占据了比赛的主动权，使对手处于被动境地，有更多创造条件的机会。与此同时，要兼顾稳健与冒险策略，一般在后场防守要稳健；中场伺机而动，视情况而定；前场则应大胆突破，更加激进和冒险。特别是在比赛最后的决胜阶段，把握比赛的节奏，采取冒险与稳健相结合的踢法显得至关重要。

3. 协调集体与球星间的关系

若一个球队中拥有天才球员，在战术实施中还应考虑集体与球星之间的关系，使二者融为一体。足球比赛作为一项团队项目，应以集体为主，在集体的基础上，充分发挥球星卓越的个人能力，建设真正的一流球队。

二、比赛阵型

比赛阵型服务于战术需要和战术目的，属于足球战术的一部分，教练员根据本队球员和对方球员的特点，将球员有序排列在球场的不同位置上。比赛队形则是具体阵型在不同场区中根据比赛形势不断进行调

整的人员组合,其变化丰富,灵活性、可操控性强。现代足球比赛中更加强调和追求比赛队形的变换。

比赛阵型不仅需要明确各球员的一般活动区域、具体职责,还需要明确球员间的配合关系、球员与各场线的关系。接下来介绍几种常见的足球比赛阵型。

(一)"四三三"阵型

"四三三"阵型通常采用三名前锋(一般居于场地左右边线位置、中间位置)、三名前卫(均靠中路,位置有前有后,分居左、中、右位置)、四名后卫(一般左右后卫镇守两边,中后卫扼守球门),具体排列位置如图6-1所示。但各球队在实际运用中的位置排列并不相同。"四三三"阵型的位置变换较为灵活,各球员可在保持球队组织性的同时,根据比赛形势调整站位。此阵型一般利用三名前卫和三名前锋展开进攻,但此六名球员极易受到对手的盯防,因此,后卫的突然插上会对进攻起到极大的帮助作用。后卫需要抓住时机,谨慎插入,而其他球员则需要时刻关注对手的反击进行补位,必要时为保证防守的稳固,前锋可后撤参与防守。

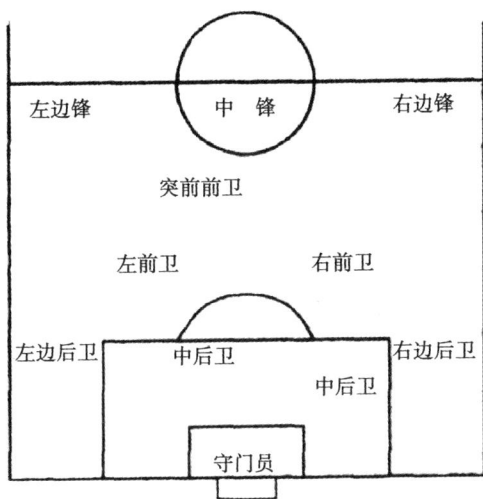

图 6-1 "四三三"阵型

此阵型的优点是整体的攻守力量较为均衡,阵型变换灵活,中场防守稳固。

此阵型的缺点是突前中锋受双中卫的夹击,攻击力较弱,在左右侧配合的边路进攻中,中路包抄力量薄弱。为弥补此缺点,三名前锋球员应有较好的体能和高超的技术。

(二)"四四二"阵型

"四四二"阵型的具体排列位置如图 6-2 所示。一般情况下,四名后卫中,左右边后卫负责对边路进行防守,从边路上插进行进攻。一名自由中卫,随时进行组织、补位。一名中卫专门负责盯住对方的中锋或厉害人物。该阵型在不同球队中的站位不尽相同,常见的有菱形或前后错位类型。两名前锋是球队的主要进攻成员,像尖刀一样插入对方区域,他们既可在中路相互照应,又可同时向两边后撤,让前卫、后卫上前进攻。阵型位置并非固定不变,不同球队应在实践基础上,探索此阵型的各种变换队形,充分发挥"四四二"阵型的优势。

此阵型常采用两种进攻方式。其一是两名内锋队员向场边活动制造宽度,中场的前后卫向前突进到禁区内,射门得分;其二是充分相信两前锋的能力和技术,在快速抢断后,长传发动进攻。

此阵型在防守方面常采用各球员之间密切配合的密集型防守。

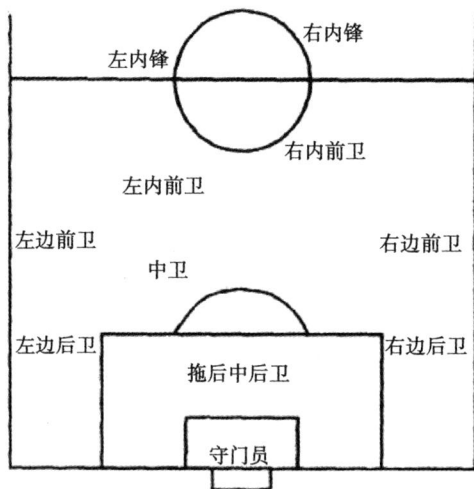

图 6-2 "四四二"阵型

(三)"三五二"阵型

"三五二"阵型以中场稳固著称,其具体排列位置如图 6-3 所示。

此阵型主要用于对抗"四四二"阵型。"三五二"阵型用三名后卫防对方两名前锋,在中场用五名前卫对抗对方四名前卫,后场和中场区域都在球员数量上占据优势。在进攻时,五名前卫可采取轮流多点进攻,而且从中场直接进攻极大缩短了进攻时间和距离,提升了进攻速度,给对方构成较大的威胁。在进行防守时,两名前卫可从前卫线撤到边路,将阵型转换为"五三二"阵型。

这个阵型的缺点是当对方球员进行中长传快攻时,大量集结在中路的球员来不及回防,两名边前卫身后的大块区域无人可守,暴露出致命弱点。

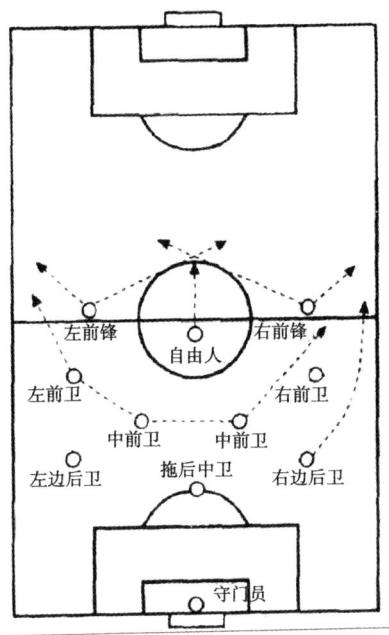

图 6-3 "三五二"阵型

(四)"五三二"阵型

"五三二"阵型的具体排列位置如图 6-4 所示。与"三五二"阵型相比,此阵型在后方增添了两名后卫,使防守重点向后移动。在进攻时,可将阵型变化为"三五二",使两个边后卫上前助攻,此阵型变化灵活,攻守转换迅速。

此阵型的缺点较为显著,大量球员集中于中场、后场,导致助攻距离较长,进攻速度缓慢。

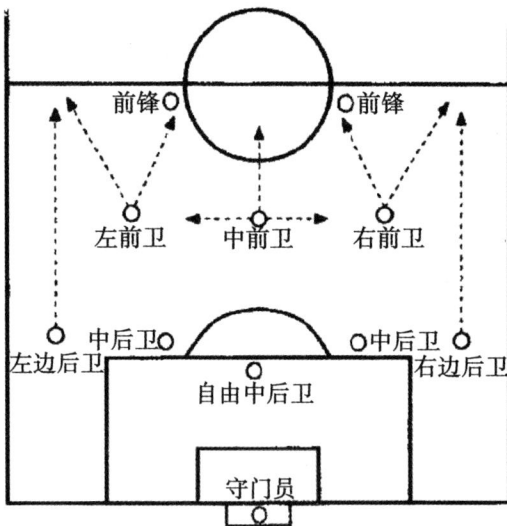

图 6-4 "五三二"阵型

（五）"混凝土"阵型

"混凝土"阵型由意大利队创建,完全将重心放在了防守上。在所有球员中,位于防守者之后的清道夫起着指挥、组织的核心作用,不管哪个区域被对方突破,清道夫都会上前补防,清道夫也会留意无人盯防的对手,对其进行围堵。若清道夫暂时离位,其他球员需要立即补上其位。

"混凝土"阵型的具体排列位置如图 6-5 所示。其变化形式多样,当与"四二四"阵型交锋时,"混凝土"阵型常以"一四二三"或"一四三二"对垒;当对方采用"四三三"阵型时,它又常呈现出"一三四二"或"一三三三"布局,有时,面临攻击性较强的对手,"混凝土"阵型还可排列为"一五二二"。①

————————————

① 马冰.足球实战技巧 技战术图解.北京:北京体育大学出版社,2004.

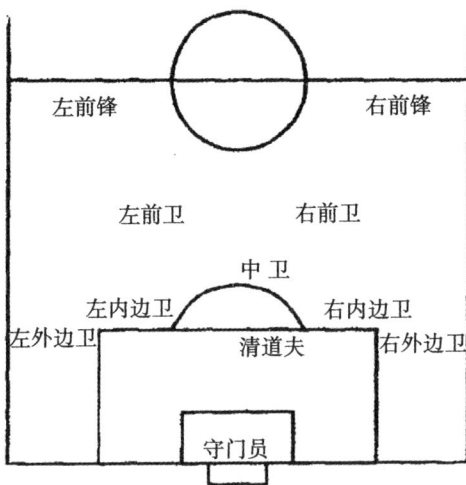

图 6-5 "混凝土"阵型

三、战术阵型中不同位置的具体职责

（一）边后卫

1. 防守职责

边后卫主要防守边路区域并根据赛前拟定的防守战术和场上球的具体位置进行行动。战术任务主要包括以下内容。

（1）采取多种手段防守边路通道，防止对方边锋进入。边后卫只有做到占据有利位置，充分识别对手的特点才能达到上述任务目的。边后卫可以通过采用站在更靠近自方球门的内线、刻意与对手保持距离、在内线跟紧移位对手的方式占据有利位置。并且需要在赛前充分了解对手的特点，时刻提防擅长运球突破的对手，对于行动变换难以捉摸的对手，需快速识破其意图，采取相应制约活动。

（2）运用多种方法封锁攻门通路，保护球门免受攻击。边后卫为完成此任务需要做到以下几点。

①切断对手通过内切直达球门的通道，采用"堵内放外"原则防守同侧边锋。

②在对方球员突破我方阵型并完成中卫补位的情况下，边后卫积极进行交叉补位，尽力填补中路的空隙。

③当对方球员采取异侧边路进攻时,边后卫应"放边保中",保证中路防守的稳固,抢断对手的长传球。

(3)制造对手越位。通常边后卫的位置要在自由中卫前面,边后卫在前面有助于应用越位战术。

2. 进攻职责

边后卫通常参与以下几种形式的进攻。

(1)迅速进攻。边后卫在获球后可以利用中长传将球射入对方的无人区域并进行快速有效反击,给对方构成极大威胁。

(2)接住守门员的发球,组织发动进攻。守门员在获球后,边后卫应快速拉开距离,接应守门员的发球,由防守快速转为进攻。

(3)中场进攻。边后卫应在中场与同伴配合,边后卫对进攻的有效组织能够加强中场的优势。

(4)充当临时边锋的角色。边后卫能够在边路地区出现空当时充当边锋的角色,完成带球突破、射门等动作。但要注意在射门未中时及时回位。

(二)突前中卫

1. 防守职责

两名中卫处于球门前的要害区域,毫无疑问在防守中起着关键的作用。一般把两名中卫中执行突前任务的称为突前中卫,拖后者称为自由中卫。突前中卫的防守职责主要包括以下几方面内容。

(1)紧盯突前中锋。当对方球员接到球并对球门有威胁时,突前中卫应采取各种方法进行紧逼,最大限度阻碍突前中锋的进攻,削弱对手可能造成的进攻威胁。

(2)向后进行交叉补位。当抢断失败,自由中卫快速上前阻截对方中锋时,突前中卫应迅速向后为自由中卫补位,帮助构成双层防线。

2. 进攻职责

中卫以防守为主要任务,但当时机成熟时也可参与进攻。突前中卫的进攻任务主要包括以下几个方面。

（1）得球后将球传给前卫或前锋帮助进攻。

（2）在中场接应同伴，加强中场力量，帮助进攻。

（3）必要时参与一线射门活动，但需要在进攻结束时快速回位。

（三）自由中卫

1. 防守职责

自由中卫是防守的可靠后盾，是全队的关键人物，其位置处在三名后卫后方，主要的防守职责在于切断直达球门的通路。为达此目的，自由中卫应该积极应对各种复杂局面，争取做到以下几点。

（1）守在自己的防区，随时准备进行截获传球以便瓦解对方进攻。

（2）抢断对方长距离直传球，尽力弥补门前的空当。

（3）在射门区以外阻击对方的无人防守的"奇兵"。

（4）作为防守后盾，进行及时补漏。当我方队员被突破时，自由中卫立刻上前与对手进行周旋。

（5）当后卫投入进攻，防守阵型出现空当时，自由中卫应该弥补空当，掩护进攻，使整体防线没有漏洞，消除进攻球员的顾虑。

（6）纵观全局，做好后场的防守指挥。及时提醒、弥补同伴的防守过失，组织、指挥防守队员在合适的时机展开进攻。

2. 进攻职责

自由中卫的进攻职责主要包括以下几方面内容。

（1）抢球辅助进攻。自由中卫应该将抢到的球迅速传给前卫、边后卫等主要进攻球员，帮助发动进攻。

（2）接应配合同伴进攻。在后方接应同伴，通常采用倒脚传球或为同伴做墙实现二过一配合。

（3）突然插上，发动出其不意的进攻。自由中卫通常无人盯防，因此可以利用插上进攻寻求射门机会。插上进攻应将长距离运球突破与墙式二过一结合，以求实现射门。

（四）前卫

前卫主要担任全攻全守的职责。根据具体的比赛前卫可被划分为三种主要类型。

1. 组织型

组织型前卫的位置主要在中场,负责中场进攻。其具体职责包括以下几方面内容。

(1)组织进攻,控制比赛节奏。前卫在中场作为绝对的组织者,随时准备接应同伴,根据实际赛况把控进攻的时机、比赛的节奏。

(2)积极防守,对口盯人。我方球队一旦丢球,应快速将重点放于防守,在中场组拖住对方球员,减缓对方的进攻速度。

(3)威胁球门。前卫应在中锋拉边、边锋回撤时,快速占领空当,与同伴进行密切配合威胁对方球门。

2. 防守型

防守型前卫的主要职责包括以下几点。

(1)对口盯人。防守型前卫通常紧盯对方"二中锋",限制其进攻。

(2)防守。在中场区域完成各种防守任务。

(3)及时进行补位。及时封锁攻门通道,弥补中卫空缺和中路防线上的漏洞。

3. 进攻型

进攻型前卫是主要的进攻球员,位于中锋后,其主要职责和战术任务包括以下几方面内容。

(1)通过无球活动吸引对方球员的注意力,制造空当,为我方球员进行运球突破创造条件。

(2)在中场组织进攻,传球给前卫、边后卫,创造射门机会。

(3)若我方球员射门失败,需要快速实现由攻转守,积极盯防对方的持球球员,在中场组织防守,确保中场优势。

(五)突前前锋

突前前锋被喻为球队的"尖刀""炮手",其主要职责包括以下几点。

(1)在对方球队门前进行带球突破、中路包抄,积极射门。

(2)充分利用无球跑动制造空当,扯动对方防守球员,为我方创造射门机会。

(3)在失球后积极进行反抢或破坏对方一传,延误对方反攻。

（六）边锋

边锋除了要进行边路进攻,还要执行多种战术任务。C罗、华金等是家喻户晓的优秀边锋球员。

1. 在侧翼开展进攻

（1）积极带球突破,在边路扯出缺口,进行传中、射门等活动。
（2）充分扯动防守,帮助前卫或后卫插入边路空当中。
（3）中路、异侧展开进攻时,做好接应传球的准备。
（4）通过交叉换位,起到另一侧边锋作用。

2. 组织中路进攻

中路进攻时,边锋既可与中锋进行交叉换位,又可在异侧边路传中时,及时包抄射门。

3. 进行积极防守

（1）紧盯对方后卫,避免其进行自由助攻。
（2）加入中场、后场的集体防守和门前防守行列。
（3）当边卫脱离位置进行进攻时,及时补位,暂时担当边卫的角色。

第二节　足球进攻战术学练

进攻战术通常分为三种类型,即个人进攻战术、局部配合进攻战术和整体进攻战术。进攻战术要想取得成功,需要进行系统地进攻战术训练,重点培养球员间配合的快速度、流畅度、准确度。

一、个人进攻战术

个人进攻战术指单名球员带球突破,越过防守队员的围追截堵,完成全队的进攻战术任务。此战术非常考察球员的个人能力,只有充分发挥个人的创造性,培养过硬的技术能力,保证身心素质的稳定状态,才有可能提高战术的成功率。战术取胜的关键在于以下三点。

(1)球员能够长时间有效控球,不被对方球员提前破坏或抢下。

(2)充分利用上肢、下肢的假动作欺骗对手,寻找合适的射门时机。

(3)速度较快,能够越过对方防守球员,将对方球员甩在身后。

(一)跑位训练

跑位指无球球员在赛场上进行有规划地跑动,在快速的跑动过程中,寻找时机,为所在球队创造进攻机会的活动。实践证明,在一场90分钟的比赛中,每队大约控制球的时间为30分钟,每个队员控制球的时间大约为3分钟,其他时间都在不断地跑位,由此可见跑位的重要性。[①]

1. 跑位的类型

跑位根据开始时的状态可分为多种类型。

(1)摆脱跑位或接应。无球球员在有人盯逼时到空当处接球。

(2)切入或插上。在无人盯逼时跑向有利的空当处。

(3)扯动牵制或制造空当。在对方盯逼的情况下,把防守者拉开防守位置。

2. 跑位的方法

跑位时要突然起动,快速变向、变速,方法如下。

(1)套边跑。套边跑是从持球队员身后绕向外侧的跑动(图6-6)。

(2)身后跑。身后跑是一种插入防守者身后的跑位,致使防守者很难观察进攻者的行动。黑圈①号防守队员看不到插入身后的进攻队员,此时黑圈②号防守队员必须死盯插入的进攻队员,从而失去了对黑圈①的保护(图6-7)。

---

① 马冰.足球实战技巧 技战术图解[M].北京:北京体育大学出版社,2004.

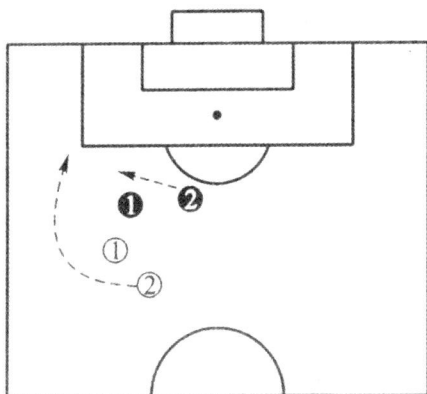

图 6-6　套边跑

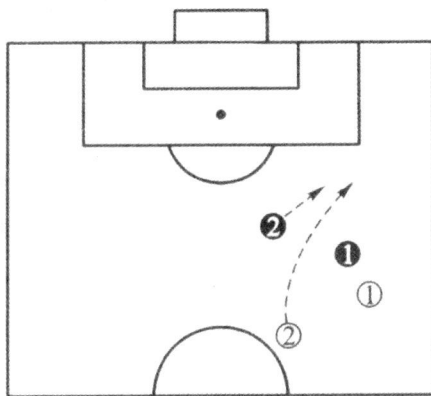

图 6-7　身后跑

3. 跑位训练涉及的战术内容

跑位训练涉及的战术内容包括敏锐的观察、选择跑位时机与方向、明确跑位目的等。

（1）观察力。本球队由守转攻时,无球队员需要时刻把握控球队员的场区位置、无球同伴的活动方向,与此同时,判断对方球员对我方控球球员的抢截与整体布防情况,根据本队特点和攻防任务进行切入、接应或扯动,只有具有敏锐的观察力才能完成以上一系列的操作。

（2）跑位的时机。跑位球员发现空当后,要注意与传球队员配合的时机,以便能顺利切入空当接球。跑位队员与传球队员要通过目光传递各自意图,根据临场状况,在恰当的时间以恰当的速度跑向预先选择的空当,接住传球队员传出的具有隐蔽性的传球。

（3）跑位的方向。在罚球区的争夺决定了足球比赛的胜负。因此,全队球员应该积极配合,进行有组织的传球跑位配合,以便在最短时间内把球推到对方罚球区,突破对方防线。跑位的主要方向为向前插入对方的罚球区。跑位队员可以利用向回、向侧跑等手段,扩大进攻面,经过传球的过渡,寻找向前突破的机会切入对方的罚球区。

（二）接应训练

接应持球队员的同时,要考虑与持球队员的距离、角度与呼应。

1. 距离

接应的距离与接应时的场区、对方的防守压力有密切关系。比赛场地条件也影响接应距离。把握好接应距离是做好接应的重要保证。接应距离的最终选择也离不开球员的个人习惯。

2. 角度

选择接应角度应遵循便于传球和接球的原则,接应队员应根据场上对手的位置而调整角度,使双方能顺利完成接应。一般是靠内侧与持球队员形成一定的角度。

3. 呼应

呼应就是接应队员与同伴之间保持联系的信号,这也是接应技巧的组成部分。

接应训练通常以两人为一个小组,持球者站在一定点位置将球射向任意方向,无球球员根据足球的射出方位快速跑动以便接球。

（三）运球突破训练

在没有射门机会的情况下,球员主要通过假动作、过人的技术、非凡的速度进行运球突破。控球球员在面临对手紧逼、失去射门机会时,应果断运球突破,寻找机会。在球门前找不到好的传球选择时,应果断运球突破,直接射门。在进行运球突破训练时,需要注意以下几方面的内容。

（1）加强重心移动练习。在运球突破过程中,持球球员需要保持良好的个人平衡并做到重心的快速切换,训练时应加强重心移动练习,以便在运球过程中准确把握自己重心位置的变化。

(2)将控球练习与运球突破练习相结合。运球突破的成功需要以良好的控球能力为前提。

(3)注重各运球突破技术的灵活运用。

(四)传球训练

传球是足球比赛中运用最多的技战术手段。为了更好地达到预期的传球效果,要培养学生良好的传球意识,使学生学会隐蔽传球意图、把握传球时机,提高传球的准确性。

传球是全队进攻战术的基础,通过传球能够有效组织进攻,进行战术切换。传球的方法有很多,衡量一个人的传球技能和战术意识的高低通常以传球目标的选择、传球时机的把握、传球力量的控制、最终落点的选择为标准。在传球训练的过程中,需要充分重视上述四个衡量标准。

1. 传球目标的选择

进攻球员应该根据场上情况将球传到对方防守的薄弱区,通过多次传球把球传到目标区域(图 6-8)。

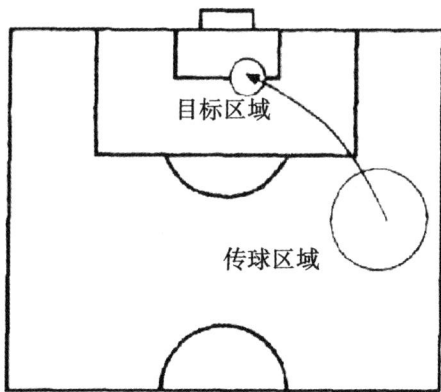

图 6-8　传球区域与目标区域示意图

2. 传球时机的把握

有意识并且有极大可能将球传到有利位置的时机是最佳时机。

3. 传球力量的控制

球员应用适当的力量控制球的运行速度、轨迹。

4. 最终落点的选择

最终球的落点要准,落点位置的选择要有助于接下来的进攻。

二、局部配合进攻战术

局部配合进攻是最为常见的进攻战术。全队的战术配合是由局部配合组成的,局部配合是球队进攻战术的基础,在开展进攻战术训练时,应该把局部配合进攻训练放在非常重要的位置。

局部配合一般指 2 ~ 3 人的小组配合,其中二过一配合几乎出现在任何一场足球比赛中。局部 2 ~ 3 人的默契配合反映了战术配合的质量,体现球队战术配合的水平。

在两人配合的基础上,出现了三人配合的形式。三人中其中一名无球队员进行拉空,混淆对方视线并给另一名本球队无球队员利用空当创造机会,持球队员把握时机,及时传球给无球队员,给予致命一击。此战术需要把控好传球的时机,看重运动员之间的默契程度。

接下来介绍部分局部配合进攻战术的训练内容。

(一)交叉掩护配合训练

交叉掩护配合指两名进攻球员在局部区域内交叉换位时,以身体为掩护,越过对方防守球员的方法(图6-9)。交叉掩护配合训练要求两名进攻球员积极呼应,形成默契,充分发挥一对一的能力,注意观察球和对手的位置。

(二)传切配合训练

传切配合指控球球员将球传给切入的进攻球员的方法。传切配合训练一般包括局部传切配合训练和长传转移切入训练两种。

1. 局部传切配合训练

按照不同的传切路线可分为斜传直切二过一和直传斜切二过一(图

6-10）。局部传切配合训练需要两名球员保持距离,控球队员要利用各种假动作给对方球员造成错觉,切入的进攻球员需要在不越位的情况下,保持动作敏捷、迅速。

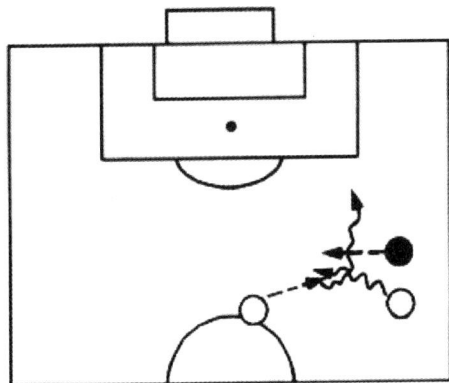

图 6-9　交叉掩护配合示意图

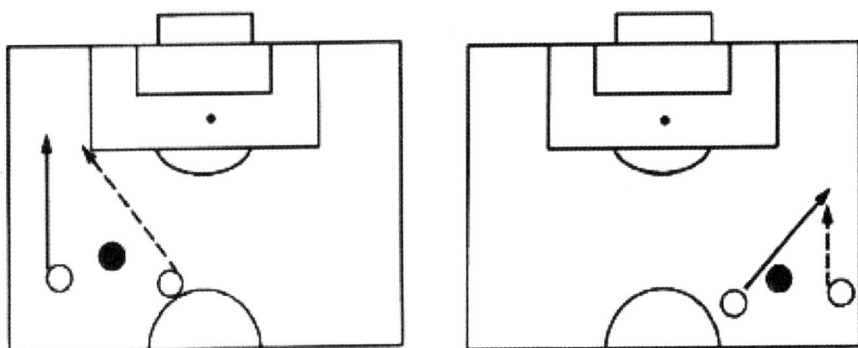

图 6-10　斜传直切二过一（左）和直传斜切二过一（右）

2. 长传转移切入训练

当一侧进攻受阻时,持球球员长传将球转移到另外一侧,切入球员到位接球,展开进攻（图6-11）。

图 6-11　长传转移切入示意图

三、整体进攻战术

　　整体进攻战术指全队球员为获取比赛胜利采取的各种进攻行动、方法的总称。在 2006 年的世界杯比赛中,多个优秀球队采用熟练的整体进攻战术战胜了对手。球队的整体实力与本球队的战术文化、集体力量密切相关,足球后备球员战术能力的提升离不开对整体进攻战术进行训练。优秀的足球运动员必须要了解和掌握先进的整体进攻战术。

　　目前,我国足球队的整体进攻战术训练计划性不强,缺乏系统性。教练员对战术打法不明确导致球员像无头苍蝇一样,在比赛过程中缺乏有组织的战术配合,球员之间不默契,球队没有自己的特色。

　　一次完整的进攻包含三个阶段:发动阶段、发展阶段、结束阶段。常见的整体进攻战术有三种,分别为密防反击进攻战术、逐步进攻战术、压迫式进攻战术。

　　(1)密防反击进攻战术。大量球员把守在后场进行密防,再等待合适的时机进行反击。此方法常在弱队与强队的比拼或进球方旨在保住领先优势时使用。

　　(2)逐步进攻战术。球员间通过密切的短传配合,向前慢慢推进,从后场到中场再到前场。

　　(3)压迫式进攻战术。在中、前场投入较多人力,在前场积极抢断,提升射门次数和进球概率。此战术对球员的各种素质要求较高,不仅需要有较高的体能和意志,还需要有高超的技术。

（一）快攻战术

快攻战术是由守转攻时，趁对方来不及调整防守策略，通过简便快速的传递配合创造射门机会的战术。快攻战术具体有三种情况。

（1）守门员获球后，若对方三条线压的比较靠前，守门员迅速用脚踢给本方埋伏在对方后卫线附近的突击队员，或者用手抛给中场占据有利位置的同伴，创造快速突破的机会。

（2）在中前场截得对方脚下球迅速发动进攻。

（3）获得任意球，快速罚球也能形成快攻机会。

（二）阵地进攻战术

1. 中路渗透

（1）后场发动进攻。后场发动进攻的方法主要有守门员发动进攻（图6-12）和后卫发动进攻（图6-13）。

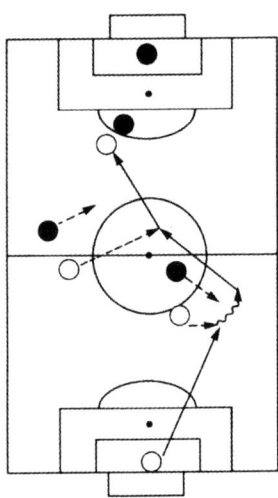

图6-12　守门员发动进攻　　　图6-13　后卫发动进攻

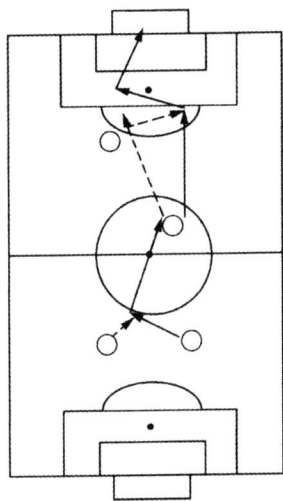

（2）中场发动进攻。中场发动进攻是指中路渗透战术的配合主要由中场发动，前卫队员是核心角色。常常采用短传配合的方法实施中场发动进攻，并以各种二过一来摆脱防守。具体打法如图6-14、图6-15、图6-16所示。

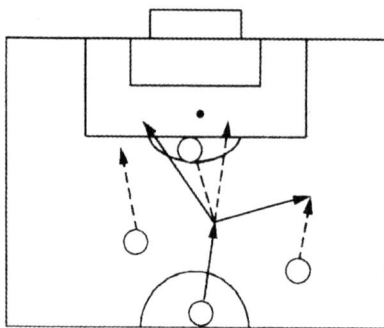

图 6-14　中场发动进攻一

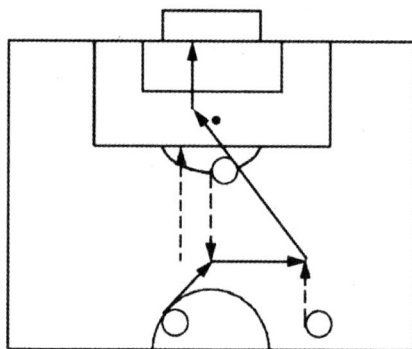

图 6-15　中场发动进攻二

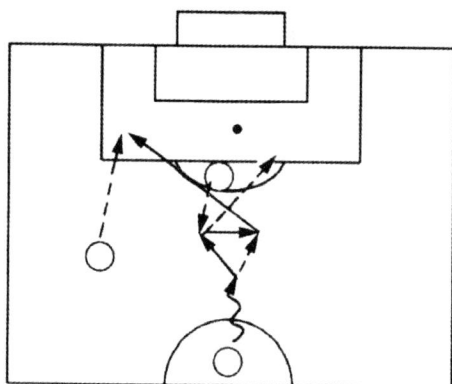

图 6-16　中场发动进攻三

2. 中边转移

当中路渗透没有达到目的后,及时往边路转移,目的是分散中路守方的注意力,然后通过边路突破再将进攻方向转到中路。通过中边转移可以打乱对方的防守战线,利用空当创造破门得分的机会。

四、跑位训练实操

(一)跑空当

跑空当指球员突然开始跑动,摆脱防守者,在空位进行接应的动作。球员在比赛中进行跑位时要灵活多变,根据场上变化选择接应空当。在训练时,需要充分锻炼球员的反应力和观察力。例如,球员 A 在进行跑空当练习接应球员 B 的传球时,既可选择向上接应,也可选择向下接应(图 6-17)。

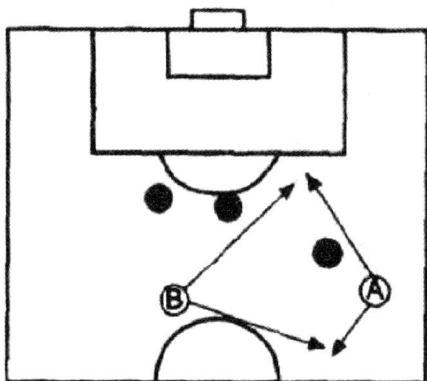

图 6-17　两人跑空当训练

还可增加一名球员进行三人跑空当训练。当球员 A 在跑空当接应练习中发现同伴球员 C 跑向与自己选择空位相同的位置,应该立即改变跑位方向,跑向另外的空位接应球员 B 的传球(图 6-18)。

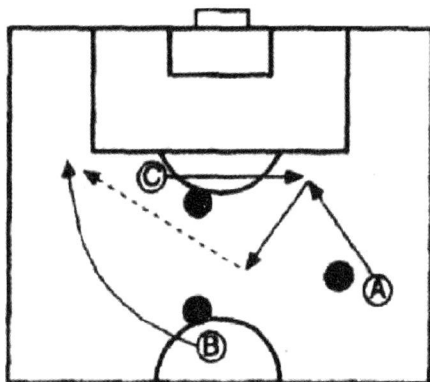

图 6-18　三人跑空当训练

(二)跑第二空当

直接空当接应适用范围有限,在赛场上若遇到对手紧逼的情况,往往采取跑第二空当。通常三人为一个小组进行跑第二空当训练。球员 C 在向后回接的同时扯出身边的防守球员,球员 A 见状突然启动,跑向球员 C 扯出的空当,摆脱身旁防守球员的盯防,同时接到球员 B 的传球(图 6-19)。

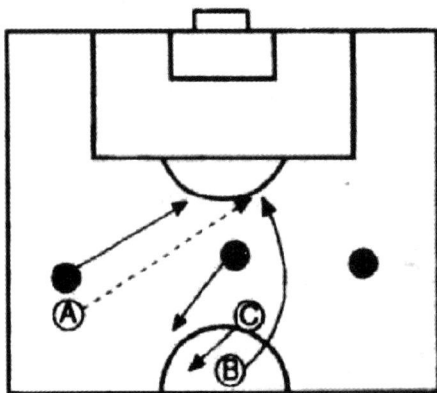

图 6-19　三人跑第二空当训练

（三）交叉换位跑动

交叉换位跑动往往会引发对方防守阵型的混乱,从而达到顺利接应的目的。训练实操中常分为横向、纵向交叉换位跑动两种。

球员 A 与球员 B 进行横向交叉换位,球员 A 顺势接住球员 C 的传球(图 6-20)。

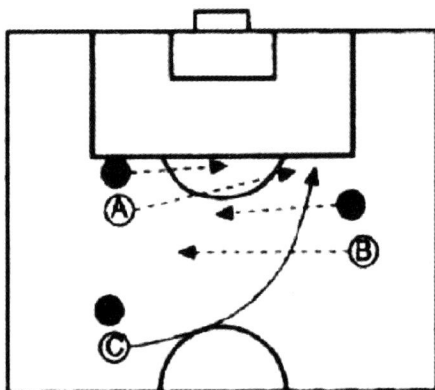

图 6-20　三人横向交叉换位训练

球员 A 与球员 B 进行纵向交叉换位,球员 A 顺势接住球员 C 的传球(图 6-21)。

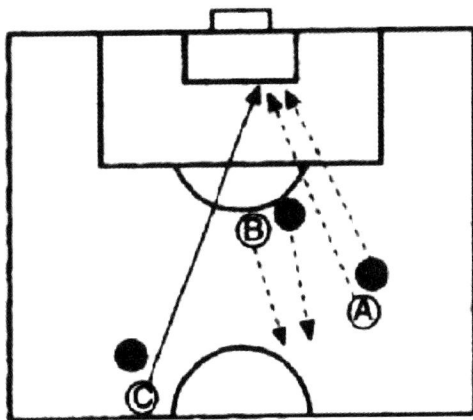

图 6-21 三人纵向交叉换位训练

第三节 足球防守战术学练

防守战术通常分为个人防守战术、局部配合防守战术、整体防守战术。相关战术能力的提升需要分别开展不同类型的训练，涉及不同的训练内容。

一、个人防守战术

个人防守战术的关键在于防守队员进行选位和盯人。其成功取决于盯人的及时性和准确性。

（一）选位训练

选位指防守球员对场上局势进行分析后，选择恰当的防守位置的动作。选位要求防守球员在本队失球后迅速回位，站在对方进攻球员与我方球门的连线上。合理的选位有助于个人实施防守行动，有助于整体布局的合理性。在选位过程中，最看重球员由进攻转向防守的转换意识和整体防守意识。

（二）盯人训练

盯人指在合理选位后，防守球员采用各种方式限制对手的活动，对对手实行严密监控的动作。盯人训练中应该提醒盯人球员注意以下几点内容。

（1）在盯人时应保持注意力高度集中，最好能够做到提前干扰被盯者。

（2）除了在固定区域内紧盯住对手外，要培养补漏意识。

（3）提升自身随机应变的能力，谨慎小心地使用抢截技术，减少失误。

（三）抢截训练

抢截指防守者综合运用多种手段，把持球者脚下的球破坏掉或抢过来，或在对方进行传球的过程中将球截下的动作。抢截训练应该注重激发球员的攻击性与主动性，并提醒球员在抢截过程中注意以下几点内容。

（1）不同类型的抢截动作（包括前断截球、抢断球等）应与具体场合相适应。

（2）抢截前对场上形势做出预判，规划未来行动。

（3）抢截切忌犹豫不决，错失良机。在决定进行抢截行动时果断出击，一旦抢截失败，应迅速进行追抢或回到自己原有位置上。

二、局部配合防守战术

局部配合防守战术指局部区域中几名球员进行相互保护、夹击、围抢等。其成功取决于配合的协调性。

（一）保护训练

保护指在同伴对对方球员进行防守时，利用自己的有利位置协助其防守的活动。保护不仅为同伴提供行动上的支持，还在心理上让同伴在没有顾虑的情况下全力逼抢。若同伴顺利将球夺回，保护队员能快速接应，发动进攻。若同伴没能将球夺回，保护队员也能够阻碍、封堵对方的进攻。在保护训练过程中应采用斜线站位，保证我方防守战线的稳固。

（二）补位训练

补位指同伴在防守中出现漏洞时,防守队员及时采取弥补措施,进行协同配合的活动。在补位训练中,教练要着重强调以下几点。

（1）防守队员需要对场上队形保持关注,避免我方球队在危险区域内出现空当。

（2）充分了解我方防守队员的实力,在防守队员能追上对手时,无须采取补位措施和交换防守。

（3）找临近同伴进行补位,限制补位球员的数量,避免阵型混乱。

（三）围抢训练

围抢指在局部区域进行防守时,多名防守球员同时参与对对方控球队员的围堵、抢断等。在球场中,实施围抢最有利的位置在半场的两底角和中场的边线附近。进行围抢训练时,教练员需要强调以下几点。

（1）在局部区域防守人数占优的情况下实施围抢,要保证各防守球员的战术思想统一。

（2）把握围抢时机。在对方球员进攻速度缓慢、局部配合过多时组织围抢,或在对方球员缺乏接应和合适的传球路线时组织围抢。

三、整体防守战术

整体防守战术训练可采取七人区域无对抗的防守练习或有人对抗的盯防练习,后者一般指六攻七练习,进攻方利用套边、灵活跑位进行进攻,防守方积极抢断。

在整体防守战术训练过程中,需要注意以下几点。

（1）充分利用人盯人防守战术培养每位防守队员的个人作战能力。

（2）培养防守球员的默契度。区域或整体防守极其重视防守队员的配合,强调整体感。

（3）通过一系列的奔跑、逼抢练习增强防守球员的体能。

（一）人盯人防守

人盯人防守是指在比赛中每一名防守队员都盯住一个对手,并封锁对手的进攻线路,控制对手的活动和传球、控球的配合方法。这种战术的主要特点是在全场攻守中,两两对垒的情况让进攻队员在每个时间和空间中都处于压力中。

（二）区域盯人防守

区域盯人防守是防守方根据场上队员的位置分布,安排一名防守队员在一个区域进行防守,在对方队员跑到己方区域时,积极展开防守,限制对手进攻的配合方法。使用这种防守战术时,要明确每位防守队员的职责,积极配合,若某一区域盯人防守失败时,邻近队员要及时补位,被突破的防守队员应及时与其换位,以实施整体有效的防守。

（三）混合防守

盯人防守与区域防守相结合。在足球比赛中,通常要对中间要害区、持球人进行重点关注,采用盯人防守。对其他区域和非持球人进行区域防守。拖后中卫则多采用保护防守。

第七章
校园足球后备人才竞技能力与发展

从事任何项目的运动员都应该拥有良好的体能素质、技能素质和心智能力,其中体能是运动员的基础素质,技能是运动员的核心素质,心智能力是支持运动员取得良好训练和比赛成绩的保障素质。从事足球项目的足球后备人才应该具有和足球专项相符的体能素质、技能素质及心智能力。竞技运动员的竞技能力结构如图7-1所示。

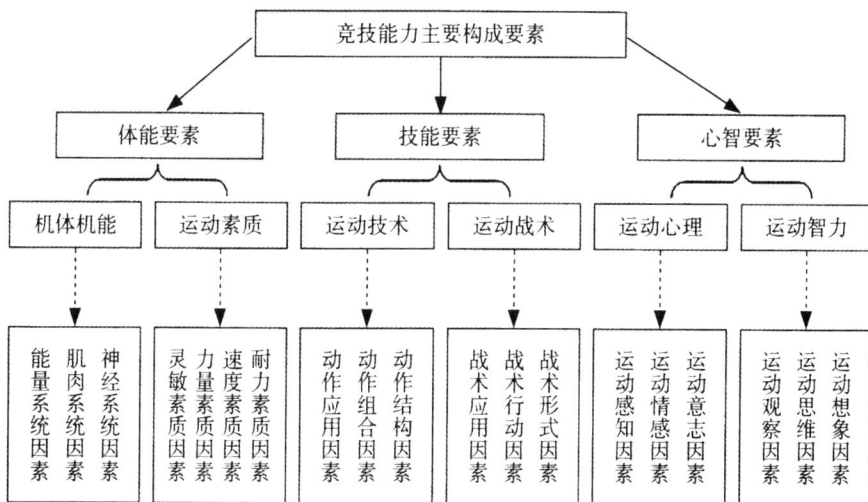

图 7-1　竞技运动员的竞技能力 [①]

---

① 田麦久 . 运动训练学 [M]. 北京:高等教育出版社,2016.

研究校园足球后备人才的竞技能力对于促进人才发展具有重要意义。本章就此展开研究。

第一节　校园足球后备人才的竞技能力构成

足球后备人才的竞技能力结构如图 7-2 所示,图中将竞技能力的组成要素分为外显因素和内隐因素,其中外显因素中的进攻和防守就是一般竞技能力结构中的技能要素。下面具体分析足球后备人才的外显竞技能力因素和内隐竞技能力因素。

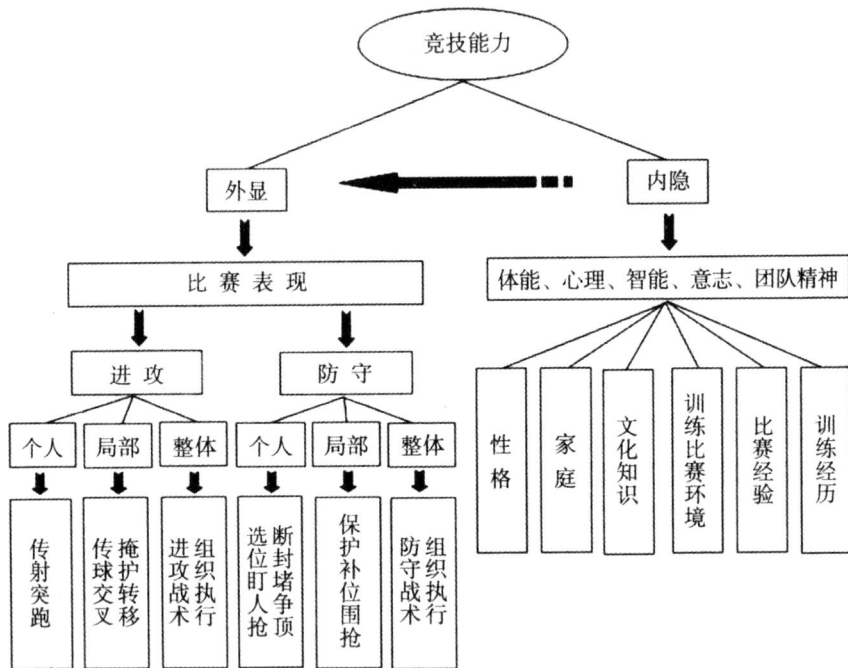

图 7-2　足球后备人才的竞技能力结构 [①]

---

① 刘丹,赵刚.青少年足球训练刚要与教法指导[M].北京:人民体育出版社,2011.

一、校园足球后备人才竞技能力的外显因素

（一）进攻性因素

（1）运动员在定位球进攻中的得分方法以及在整体进攻中的作用及表现。

（2）交叉掩护配合、传切配合及转移进攻中的战术在局部进攻中的合理使用。

（3）深入掌握和正确运用足球战术中跑位、突破、传球、射门等技术。

（二）防守性因素

（1）保护、补位、围抢在局部防守中的运用。

（2）整体防守中，定位球防守表现以及执行与同队队员的协同合作的战术等。

（3）在防守中，运用个人选位、盯人、抢球、断球、封堵等技术。

二、校园足球后备人才竞技能力的内隐因素

足球后备人才的体能、智能、意志、心理和团队精神等多方面的因素共同影响着其技战术行为。我们把这些影响因素称为内隐因素，这些因素是以技战术行为为依托的，各个因素在比赛中的存在并非孤立的。

（一）体能

体能是足球后备人才参与训练、比赛的基础保障，如比赛中激烈的对抗需要运动员具有良好的力量素质；快速完成有效移动、技术动作等需要运动员具有较快的速度；长时间高水平的足球比赛需要运动员具有良好的耐力水平。

（二）心理

（1）良好的心理素质能够保证足球后备人才稳定发挥自身技战术水平。

（2）良好的意志品质有助于帮助足球后备人才克服比赛中的障碍。

（3）良好的团队精神与团结意识有助于充分发挥全队的整体力量。

（三）智能

良好的智能水平有助于足球后备人才正确分析比赛场上的形势,合理选择技战术行动。

内隐因素与外显因素是竞技能力的两个方面,但也是统一的整体。足球后备人才要在比赛中稳定表现竞技能力,就要加强体能、智能、心理、技术、战术等各方面因素的训练。

第二节 校园足球后备人才的身心发展特征

一、足球后备人才的身体特征

（一）生长发育特征

人体生长发育是长期的过程,是连续不断的过程,是从量变到质变的过程,也是按一定规律变化发展的过程。足球后备人才以青少年儿童为主,他们的生长发育呈现出如下特征。

1.连续性

人是按一定的顺序和规律生长发育的,在完整的生长发育过程中会经历几个不同的阶段,各个生长发育阶段有先后顺序,不能跨阶段发展。而且前面阶段的生长发育情况会影响后面阶段的生长发育。前一阶段生长发育得好,就能够为后面阶段的生长奠定良好的基础,而如果前一阶段发育异常,后面阶段的发育也会受到制约。人体生长发育规律如图 7-3 所示。

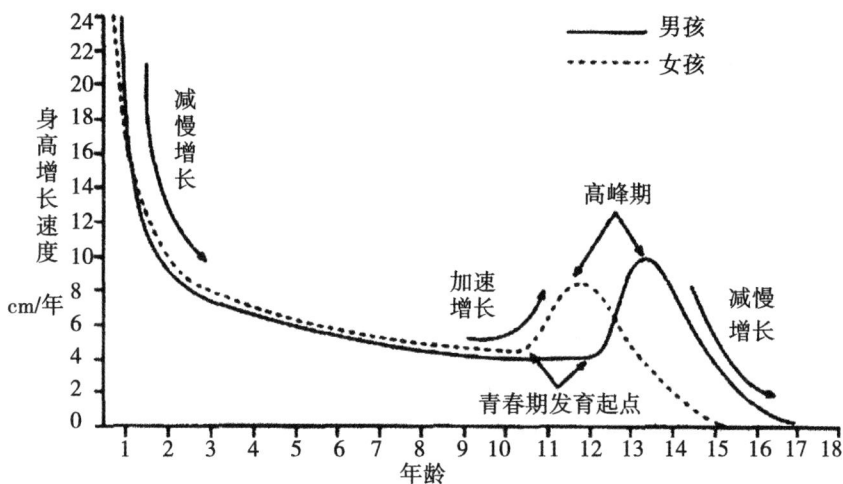

图 7-3　生长速度曲线 [①]

2. 顺序性

生长发育既包括局部的发育,也包括整体的发育,不同部位的发育有先后顺序,人体长度、宽度和围度的发育也是有先有后的,一般身高和四肢长度先发展,身高的发展也比体重的发展要早。

3. 不均衡性

人的生长发育速度并排持续提升,从图 7-3 来看,人的生长发育图不是直线上升的,而是有波浪的不断变化的,有时发展快,有时发展慢,呈现出非均衡性。正因如此,人体各个器官的发展可能在这个阶段快一些,而另一个阶段慢一些,这个阶段可能某方面的器官发展快一些,而其他器官发展慢一些,到了其他阶段就可能之前发展慢的器官会快速发展,而之前发展快的器官发展速度减慢。

4. 差异性

这里的差异性主要是指男生和女生生长发育的差异,是性别层面的差异。男女各项生理指标在不同阶段的发育速度可能不同,从最简单的身高和体重来看,如图 7-4 所示,男女出现快速增长期的时间是女生早,男生晚,从突增曲线的波峰来看,男生高一些,从波幅来看,男生窄

---

① 　陈亚中.青少年足球科学训练探索[M].北京：北京体育大学出版社,2007.

一些。

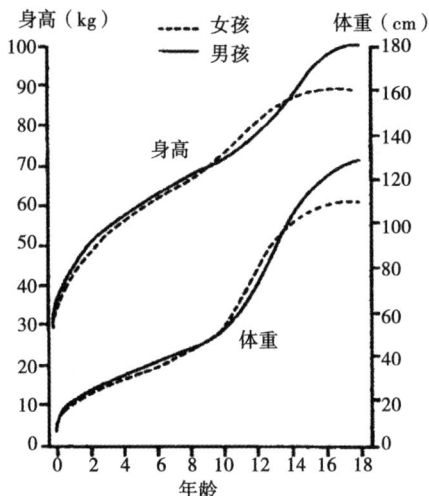

图 7-4　身高、体重生长曲线 [1]

5.其他特征

　　足球后备人才身体系统的发育也是有规律的,如图 7-5 所示。这是正常情况下的发育规律,如果出现营养不良、患病、代谢失常等问题,那么正常的生长发育就会受到阻碍,导致发育迟缓甚至停止发育,如果能克服各种阻碍因素,在恢复正常生理状态后快速生长发育,和同龄人保持相同的发育速度及水平,那么基本不会影响之后的成长。不同发育阶段有一些组织器官会快速发育,这被称为关键发育期,我们要掌握各个组织器官和机体系统的生长发育规律,了解各自发育的关键期,并抓住关键期,在关键期重点发展相应机能,以免错过最佳时机,而一旦错过,之后要再想发育就有难度了,可能造成发育障碍。

　　先天遗传和后天环境都会影响足球后备人才的生长发育,生长发育既有可能性,也有现实性,好的遗传为后备人才良好的生长发育提供了可能性,而真正发展成什么样主要由后天环境所决定。后备人才的生长发育也受到自身心理行为的影响,反过来,生理发育也会影响心理行为,人的身心发展是相互影响的。

---

① 　陈亚中.青少年足球科学训练探索 [M].北京:北京体育大学出版社,2007.

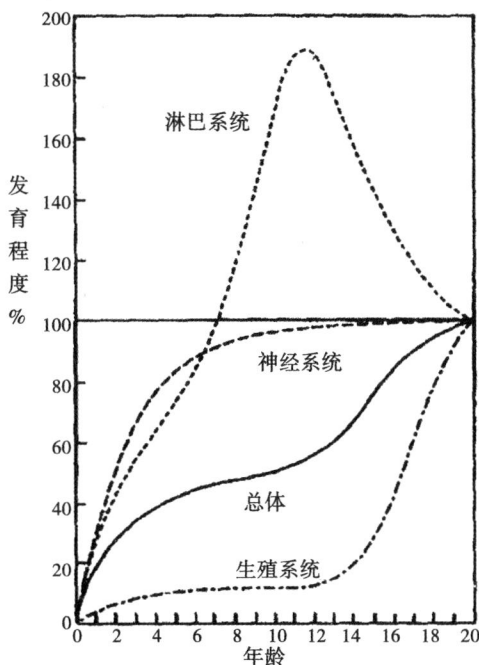

图 7-5　身体系统发育规律 [①]

　　虽然人体生长发育有自身的规律与特点,但是因为遗传因素和环境因素都会影响生长发育,所以不同足球后备人才的生长发育也是存在差异性的,即使是相同性别和相同年龄的足球后备人才,也会因为先天和后天因素的影响而在身体形态、身体机能及运动素质等方面显示出差别。因此,研究足球后备人才的生长发育,既要发现一般规律,也要分析不同个体之间的差异及造成差异的主要原因。了解足球后备人才的生长发育特征,能够为体质测评提供理论依据,为运动选材和专业培养提供理论参考。

　　(二)运动器官发育特征

　　成年人骨组织中有机物、水分所占的比例和无机盐所占的比例为3∶7。而少儿骨组织中这个比例是5∶5,而且少儿软骨组织较多,有很好的弹性和韧性,发生骨折的概率低,但是少儿骨组织不够坚固,不像成人一样能承受很大的压力和张力,如果外力刺激强,而且持续作用时

---

① 　陈亚中.青少年足球科学训练探索[M].北京：北京体育大学出版社，2007.

间较长,那么少儿的骨组织很容易变形。

少儿的关节面有比较厚的软骨,关节附近韧带可以较为灵活地伸展,关节周围有薄弱、细长的肌肉。因为这些特殊性,少儿关节更灵活、更柔韧,但是关节不够稳固和牢固,在足球训练中如果不恰当用力,容易导致关节受伤。

少儿肌肉中含有比较多的水分,但只有较少的无机盐和收缩蛋白,再加上肌纤维之间有比较多的间质,所以少儿肌肉比成人柔软,肌肉横断面积比成人小,这也是少儿肌肉力量较弱的原因。此外,因为少儿肌肉中只储备了较少的肌糖原等能源物质,神经调节肌肉的能力较低,因此缺乏良好的肌肉耐力和肌肉协调性,这是少儿在足球训练中早早出现疲劳症状的主要原因,少儿运动疲劳出现得早,但恢复得也快。

人体肌肉随年龄增加而生长,肌肉在生长过程中,水分所占的比例降低,无机盐和蛋白质所占比例增加,肌纤维粗度增加,肌肉力量也不断提升,少儿不同身体部位肌肉的发育并不是均衡的,发育有早有晚,有快有慢,发育较早且发展较快的是身体浅层的大肌肉,发育较晚且发展较慢的是深层的一些小肌肉。少儿神经系统支配与调节肌肉活动的能力还不够强,所以在足球训练中还不容易做出很精确与协调的动作,身体平衡的控制力、肌肉运动能力和成年人相比也有一些差距。

(三)有氧和无氧运动能力发展特征

足球后备人才身体各器官机能的基础能量代谢能力尤其是呼吸系统、心血管系统的形态结构、功能等直接决定了其有氧和无氧运动能力。

生长发育过程中的足球后备人才进行足球训练时,由于心脏的工作负荷加大,致使心率增加,血流量增大,全身血液循环得到改善,使心肌发达、心室壁增厚,心脏体积增大。参加训练 1 年以上的 14 ~ 17 岁运动员,心脏体积增大,具体表现为心脏的横径、宽径和纵径都比同龄人大。由于心肌发达,心脏收缩力量增强,心脏每搏输出量也随之增大。在运动过程中,尽管有训练的足球后备人才与同龄人的心脏每分输出量基本相同,但每搏输出量却远比同龄人大。这说明,有训练的后备人才主要靠增加每搏量来加大心输出量,而同龄人主要靠增加心搏频率来加大心输出量。

通过运动训练,后备人才呼吸系统的发育水平得以提高,主要表现在呼吸肌发达、胸围增大、呼吸差增加、呼吸深度及肺活量增大,以及安静时呼吸频率减慢。足球后备人才由于呼吸系统、心脏血管系统的机能水平较高,最大吸氧量也比同龄人大,这使得他们在剧烈运动中的工作能力比同龄人要强,能承受较大强度的运动训练。[1]

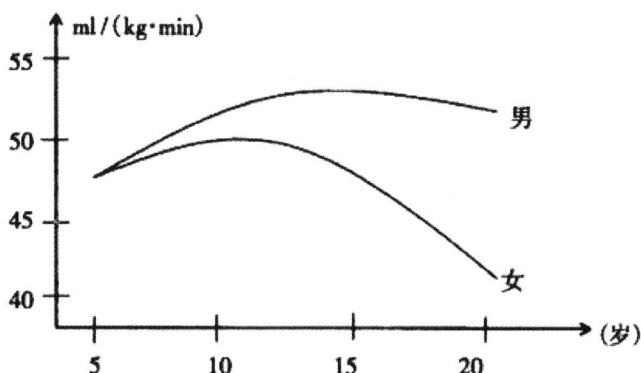

图 7-6　最大摄氧量发展情况 [2]

无氧活动能力是指在较短时间内进行高强度运动的能力。足球后备人才可通过提高机体雄性激素水平、ATP 与 CP 和糖原的含量以及最大血乳酸水平等增强机体无氧活动能力。

(四)体能素质发展特征

足球后备人才体能素质发展具有阶段性,具体表现为周期阶段性与年龄阶段性。后备人才自身发展规律因素与训练因素共同影响其体能发展的阶段性。

足球后备人才体能发展过程中会出现自然增长阶段和稳定阶段。自然增长阶段指的是随着年龄的增长,体能素质逐渐增长。自然增长阶段有缓慢增长和快速增长两个不同表现。稳定阶段指的是体能缓慢增长或不再增长甚至下降的阶段。

①　陈亚中.青少年足球科学训练探索[M].北京:北京体育大学出版社,2007.
②　刘丹,赵刚.青少年足球训练纲要与教法指导[M].北京:人民体育出版社,2011.

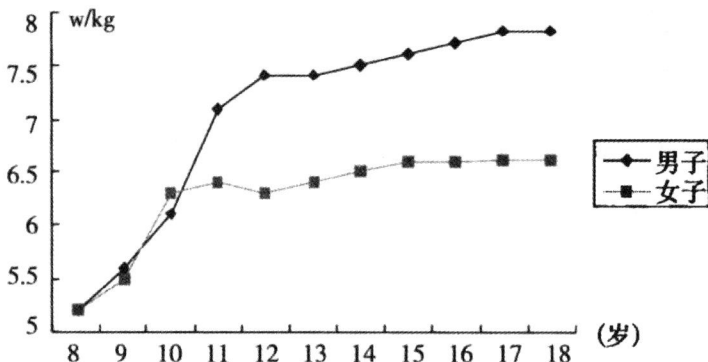

图 7-7　无氧能力发展情况[1]

通常，女子体能自然发展过程中会出现两个波峰，第一个波峰出现在 11 ～ 14 岁期间，第二个波峰则在 19 ～ 25 岁期间出现；男子各项体能素质在 19 ～ 20 岁发展到高峰时期，23 岁之后体能缓慢增长甚至有所下降。

足球运动员发展体能素质的关键阶段是青少年时期，在这一时期，各体能素质的发展几乎都处于最高水平状态，此时进行科学的体能素质训练，有助于提升专项体能素质和综合竞技能力。[2]

足球后备人才竞技能力发展的顺序特征如图 7-8 所示。

以力量素质为例来简单分析，可以通过最大力量、绝对力量来测量力量素质。青少年时期男子的力量水平与性成熟年龄密切相关，而女子则与性成熟年龄中度相关。力量素质测试中握力是常用指标，对儿童青少年握力进行测量可以了解其力量发展情况，发现力量素质增长规律，如图 7-9 所示。

---

① 刘丹，赵刚．青少年足球训练纲要与教法指导 [M]．北京：人民体育出版社，2011.

② 刘丹，赵刚．青少年足球训练纲要与教法指导 [M]．北京：人民体育出版社，2011.

在各个阶段均可发展的运动能力

有氧耐力（基础耐力）与力量耐力

最大力量

需"较晚"发展的运动能力

无氧耐力

爆发力

需"及早"发展的运动能力　动作学习能力

速度素质

协调能力及柔韧素质

男 ♂	学龄前			少年期前期			少年期后期		青春期前期		青春期后期			
女 ♀							少年期后期	青春期前期		青春期后期				
年龄（岁）	4	5	6	7	8	9	10	11	12	13	14	15	16	17	18	19

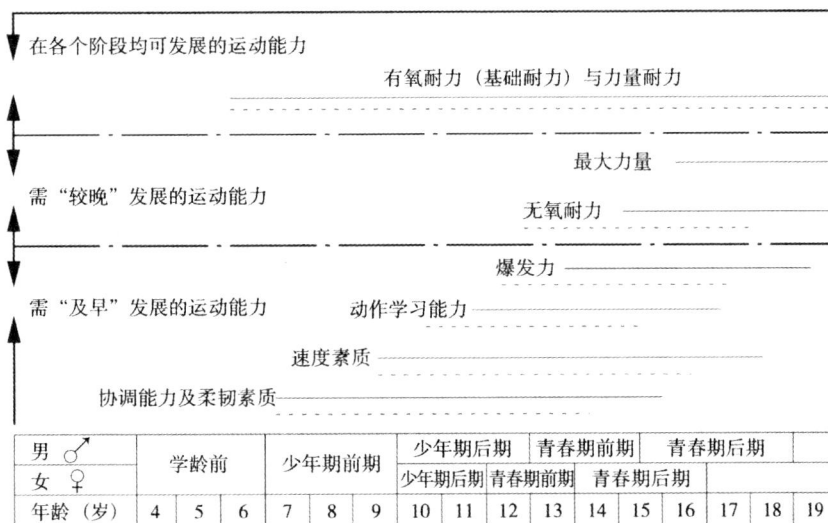

图 7-8　各个年龄段可发展的运动能力 [1]

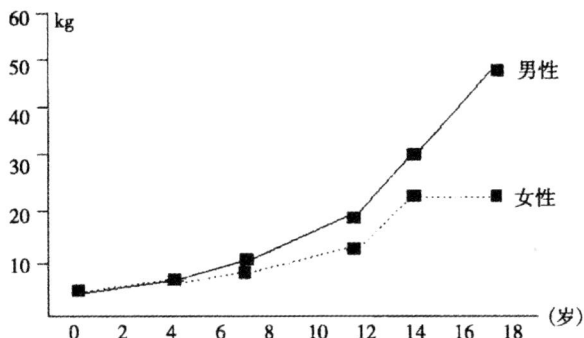

图 7-9　力量素质发展情况 [2]

了解足球后备人才的身体特征后，可以对不同年龄段的后备人才进行针对性训练，训练安排可参考图 7-10。需要注意的是，上面只是分析了足球后备人才身体的一般发展规律与特征，并不代表所有后备人才都是按统一的标准和已有的规律而成长的，不同后备人才之间也有差异，因此即使对同一年龄段的后备人才进行训练，也要注意区别对待，

[1]　刘丹，赵刚.青少年足球训练纲要与教法指导 [M].北京：人民体育出版社，2011.

[2]　刘丹，赵刚.青少年足球训练纲要与教法指导 [M].北京：人民体育出版社，2011.

考虑每个个体的实际情况,从后备人才的综合情况出发而实施训练与培养,使每个后备人才的潜力都能被充分挖掘,最终培养出优秀的足球运动员。

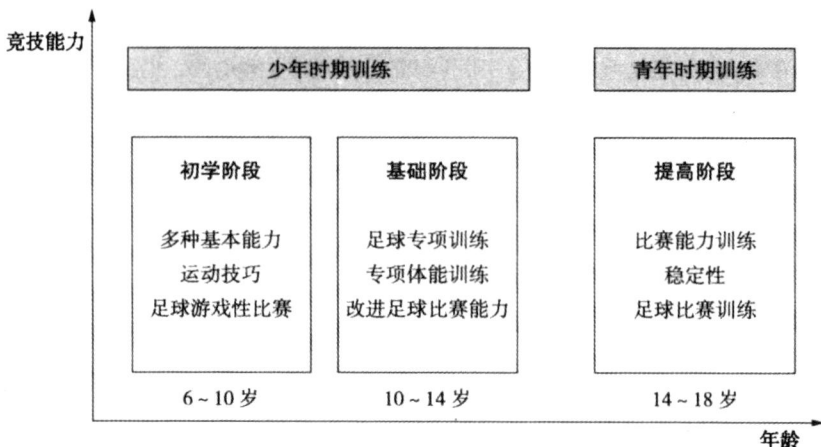

图 7-10　竞技能力发展图 [①]

二、足球后备人才的心理特征

(一)认知过程

足球运动的规律、特点都与足球本身的属性有关,所以具有一定的特殊性。足球运动的特殊性要求足球后备人才在训练和比赛中有准确的时空知觉、运动知觉,能准确判断传球意图,能高度集中注意力,合理分配注意力,在恰当的时候转移注意力,能灵活思考,快速做出反应,这些心理品质和心理能力是足球后备人才应该拥有的基本心理素质,也是青少年足球运动员的重要心理特征。

足球后备人才在训练、比赛中,其自身的身心因素会影响他们技战术行为表现,此外,时空因素、实战对抗环境、对手干扰也对他们有很大的影响。足球后备人才因为身心特征的独特性,注意力容易分散,情绪稳定性差,缺乏意志力和坚定的信心。这就要求针对足球后备人才进行心理训练时,重点加强注意力训练、情绪训练和自信心培养训练,通过

---

① 刘丹,赵刚.青少年足球训练纲要与教法指导[M].北京:人民体育出版社,2011.

完善他们的心理品质来提高其技战术行动质量。拥有良好认知能力和心理品质的足球后备人才战术意识比较强,能迅速判断和行动,感知的准确性高,反应灵敏,和对手正面交手时容易赢得心理上的优势。

(二)感知过程

足球运动员在赛场上要反复完成大量的跑、传接球等动作,在技战术执行过程中运动员要调动全身各个感知觉,包括视觉、听觉、机体觉、平衡觉、肌肉运动觉等,而只有保持心态稳定、拥有良好的心理机能才能充分调动这些感知觉,这也是足球后备人才应该具备的心理特征。经过不断的专项训练,足球后备人才会形成专门化的心理机能,感知觉能力也具有专项化,也就是形成了良好的"球感",这是足球运动后备人才充分发挥自身技战术水平的重要条件。

(三)思维过程

足球比赛中,竞争异常激烈,攻守双方的转换瞬息万变,技战术动作需要快速完成,在这样特殊的竞争环境下,足球后备人才必须高度集中注意力,有效分配注意力,感知要准确、快速,善于观察细节,准确判断、全面分析,对对方的技战术意图予以正确的判断,从而积极应对。足球后备人才在竞技场上的思维活动是要有预见性的,是要迅速敏捷的,是要有益于控制行动及创造性地充分发挥技战术水平的。足球技术行动、战术配合是运动员大脑思维的主要内容,这种思维最终也表现在实际的技战术行动上。

(四)注意力

在一场足球比赛中,足球后备人才要完成大量的技术动作和不断变化的战术行动,而且比赛节奏很快,充满变化,持续时间长,所以要求后备人才注意力高度集中。技术行动及战术配合是运动员的注意力集中指向的目标,在这一基础上,要准确判断和预测赛场形势,根据判断做出应对行动,使每个技术和每个配合都能高质量完成,达到预期效果。如果足球后备人才的注意力不能高度集中,那么就会影响动作质量,出现失误,陷入被动。

此外,能注意更大的范围也是足球运动的特殊性对后备人才提出了一项专项要求。足球运动场地广阔,双方队员遍布球场各处,足球后备人才应该能够在单位时间内注意到更多的对象和更广的范围。除了能注意更大的范围外,还要能够根据比赛的变化而转移注意力,在关键的地方分配更多的注意力,将注意力合理分配到各个重要的区域,如此才能在变化莫测的比赛环境中保持稳定的状态,不慌乱,从容应对,提高技战术动作质量。

(五)情绪和意志

足球后备人才在足球实战中会产生鲜明而强烈的情绪体验。足球后备人才对比赛过程的认知及对比赛结果的预测受到其自身情绪的影响。如果足球后备人才能够深刻理解比赛的重要性,那么其就容易产生强烈的情绪体验,而且越临近比赛,这种情绪越明显。在正式比赛中,赛场攻守形势的变化、比分的差距、技战术能力发挥情况等会造成后备人才情绪体验的变化。

足球后备人才在赛前、赛中及赛后产生的情绪体验是不断变化的,而且这个变化也是有一定规律的。情绪体验的性质及变化情况对其在赛前的准备、赛中的发挥以及赛后的恢复都有重要影响,也直接影响比赛结果。优秀的足球后备人才在赛中应保持积极的稳定的情绪状态,以促进自控能力的提升,并根据需要而调整自己的行动。后备人才情绪状态和自我控制能力受到其意志品质的影响。意志顽强的后备人才往往能够保持稳定的情绪状态,而意志薄弱的后备人才容易紧张,无法应对复杂多变的实战比赛,紧张的心理必然导致行动上慌乱、失误,导致技战术完成质量下降,最终影响其心理健康和比赛成绩。

第三节 校园足球后备人才的发展现状

一、中国职业足球俱乐部后备人才培养现状

早在 20 世纪 90 年代,中国足球就走上了职业化发展的道路,但是,这一时期,在一定程度上忽视了改造"举国体制"下后备人才培养体系的问题,没有将足球后备人才的培养放到一个突出的位置,这也是我国

足球运动水平落后于欧美等国家的一个重要原因。

很长一段时间以来,我国实行的是"举国体制",在这一体制之下培养出的足球后备人才很难适应职业足球发展的需要,不利于足球运动的发展。在这一体系之下,青少年足球后备人才十分稀缺;培养主体各自为政,各行其道,最终导致了青少年后备人才培养普及面小,规模锐减,成材率低,质量不高的局面。在这种情况下,我国是很难出现一批高素质的足球后备人才的。

伴随着当今社会市场经济的不断发展,中国足球后备人才的培养也逐步跟上了时代发展的形势,职业足球俱乐部发展非常迅速。截至目前,我国绝大部分的中超俱乐部都建立了二线队伍,而像山东鲁能俱乐部还建立了自己的足球学校,这对于我国足球后备人才的培养是十分有利的。

目前,我国职业足球俱乐部后备梯队呈现出多级化的特点,一般情况下,受成绩压力的影响,一线球队较受关注,二三线队伍受到忽视,这就很难培养出一大批高素质的后备人才,这一状况需要今后加以改进。

二、学校足球后备人才培养现状

中华人民共和国成立以来,学校一直是我国体育后备人才培养的"基地",虽然传统竞技体育训练体制——"三级训练网"一定程度上淡化了学校在培养体育后备人才中的地位和作用,但体育传统项目学校、体育后备人才试点学校、校园足球特色学校等一直积极为各级运动队选拔、培养、输送好苗子。但目前我国足球训练管理体制仍是将职业俱乐部后备梯队、足球学校和业余足球俱乐部作为培养足球后备人才的主要渠道,学校足球只处于次要地位,而且学校在人才培养中面临经费短缺、教练员和管理人员不足等问题,严重影响了校园足球的全面开展和提高。

三、我国足球后备人才训练现状

在职业足球俱乐部后备梯队建设中,U–19 和 U–17 年龄段的球员由于训练年限长和年龄上接近成熟,因此基本按职业队的管理方式进行训练和组织管理,没有学业要求。U–15 年龄段是半日文化课学习,半日训练。而在足球学校中运动员一般是半日文化课学习,半日训练。业余俱乐部和中小学主要利用课余时间训练。与业余俱乐部、普通学校相比,职业足球俱乐部对各年龄段运动队的训练组织、训练要求、训练控制、训练安排相对更为规范、严格,后勤系统更充实、有力。但整体来看,不管是职业俱乐部的训练,还是业余俱乐部、足球学校或普通学校的训练,都普遍存在凭经验、凭感觉训练,训练缺少科学性、系统性、全面性等问题,尤其是在训练中提出成人化要求,忽视了青少年身体、心理和智力特点,针对性不强,指导思想不突出,训练要求、训练手段和训练内容的年龄区别不鲜明,致使训练效益不高,训练成材率低,运动员缺乏个性特点。因此,依据足球运动员竞技成材规律,遵循青少年身心发育特点,按照比赛客观规律和实战需要进行科学训练是目前提高我国足球后备人才训练水平的重要突破口。[①]

---

① 李泽峰.我国足球后备人才培养的现状与对策研究[D].西南大学,2009.

第八章

校园足球后备人才选拔研究

我国一直都比较重视足球运动的发展,足球也是我国职业化体育的重要代表。经过多年来的发展,我国职业化足球取得了一定的成绩,但整体足球运动水平与欧美强国甚至亚洲的日韩等国相比仍存在着不小的差距。我们的近邻日韩近些年来都涌现出了大量的高水平足球运动员,这些运动员遍布世界各地,有一部分甚至在"五大联赛"中站稳了脚跟,这与我国形成了鲜明的对比。中国足球之所以落后于这些国家,原因是多方面的,其中一个很重要的原因就在于我国足球后备人才的选拔与培养存在问题,没有建立一个健全、完善的足球后备人才培养体系。展开校园足球后备人才的选拔研究具有重要意义。

第一节　校园足球后备人才选拔的原则

一、广泛性原则

足球后备人才的选拔非常重要,这一项工作应当作我国足球运动发展的重要内容来抓。

我国地域辽阔,同时也是一个人口大国,这就为我国足球后备人才的选拔提供了良好的条件。为了尽可能多地选拔人才,一定要充分利用各种手段与方法对各个地区的人才进行选拔,如果在足球后备人才的选拔过程中,遇到设备条件不足的情况,那么就需要进行重点测试,其对象也是经过比赛选拔出的足球运动员。

在足球后备人才选拔的初级阶段,选拔人员要做好广泛的调查,在此基础上,才能做重点测试。需要注意的是,足球后备人才的选拔,并不只是科研人员的工作,而是整个体育界的工作。只有使更多的体育工作者掌握了科学的人才选拔理论与方法,才能挖掘与培养出大量的优秀后备人才,从而促进我国足球运动的可持续发展。

二、可靠性原则

足球后备人才的选拔还要遵循可靠性原则,这一原则是指在足球后备人才的选拔过程中,要保证所用到的测试器具、测试方法具有统一性和规范性,另外评价的结果也要保证客观性和准确性。

三、实效性原则

足球后备人才的选拔要讲究一定的实效性,选拔的目的在于选拔出优秀的足球人才,以此为出发点,选用合理的人才选拔方法、手段及内容,通过细致的多方面的测试预测、多年的跟踪观察和最终实践验证,来将那些适合足球运动的人才选拔的内容、方法、手段确定下来。

遵循实效性的基本原则,就是指要做到保证人才选拔的内容、方法手段、指标体系等都具有针对性和有效性,保证选拔出高质量的人才。

四、因人因项制宜原则

在足球后备人才选拔过程中,要以足球专项要求和青少年运动员的个性特点为依据,有针对性地确定测试内容、手段、方法、指标要求、预测方向等,这就是所谓的因人因项制宜原则。这一原则在足球后备人才选拔中得到了广泛的利用。

一般来说,影响运动员运动成绩的因素主要有身高、弹跳能力、耐力、运动能力、心理素质等多个方面。因此,在进行足球后备人才选拔的过程中,要在具体测试的要求及方法上有一定的针对性。在进行足球后备人才选拔时,首先要确定决定运动成绩的主导因素,再采取最适宜的人才选拔方法、手段予以测试。

因人制宜指的是对所要选拔的青少年运动员的性别、年龄、训练年限、生活环境和身体条件等进行综合考量,对选拔对象的各个方面进行客观地评价和预估,从而提高选拔的质量和效果。

五、多因素综合分析原则

运动员运动水平的高低主要受先天因素和后天因素的影响。在足球后备人才选拔的初级阶段,要将对足球后备人才先天运动能力的测评和分析作为关注的重点,伴随着人才选拔层次的不断提高,对足球后备人才后天运动能力的测评和分析逐渐增多,对后天因素的关注度开始加大。

在足球后备人才的选拔中,要对各种考察和测定所得结果进行深入细致地分析,把握好影响人才发展的主要因素,为人才的发展创造良好的条件。

六、当前测评与预测未来相结合的原则

足球后备人才的选拔不是盲目进行的,而是需要建立在一定的科学理论和方法基础之上。在选拔与测试的过程中,要对运动员未来的专项运动能力进行准确地预测。

足球后备人才的测评并不是目的,而是一种手段,预测和判断足球后备人才未来是否能成为优秀的足球运动员才是最终目的所在,可以说,测评在足球后备人才的选拔中居于绝对的核心地位。

第二节　校园足球后备人才选拔的内容

一、体能训练的内容

体能是身体形态、机体机能和运动素质三个内容的总称。其中，身体形态指的是身体所表现出来的外部形状，比如身高、体重、四肢长度等；机体机能指的是身体的各个部位和各个器官之间表现出来的能力，比如身体关节的灵活性、身体肌肉的柔韧性等；运动素质是指身体表现出来的和运动有关的能力，比如身体的跳跃、跑步等能力。这三个方面的内容共同构成了整体的身体体能，三者之间是相互联系、相互影响的关系，其中一个因素的变化，也会导致另外两个因素的变化。

从体能训练的角度上看，运动员的机体机能和运动素质是体能训练的主要内容，表 8-1 从这两个方面揭示了体能能力的四级层次要素关系。

表 8-1　体能能力四级层次要素内容结构 [1]

一级层次	二级层次	三级层次	四级层次
体能	机体机能	神经系统	灵活性 稳定性 高强性
		肌肉系统	速度性 协调性 精细性

---

[1]　杨卓.现代运动训练内容分析与创新方法研究 [M].北京：中国商务出版社，2017.

续表

一级层次	二级层次	三级层次	四级层次
体能	运动素质	能量系统	无氧性 有氧性 混合性
		力量素质	最大性 爆发性 持久性
		速度素质	反应性 速度性 持久性
		耐力素质	短时性 中时性 长时性
		灵敏素质	协调性 应变性 及时性

二、心理素质训练的内容

（一）基础心理素质训练

基础心理素质训练是指针对运动员从事某项专项运动所必需的一般心理素质展开的训练，比如对运动员进行的职业道德培养、道德品质教育、基础心理调节方式教学等。

（二）针对性的心理素质训练

针对性的心理素质训练主要就是针对不同的训练阶段开展的心理素质训练，比如在重要比赛之前对运动员进行赛前心理动员，在比赛结束之后为运动员进行心理调整，在运动员出现心理障碍的时候对运动员进行心理恢复训练等。

三、智力训练的内容

（一）主要内容

1. 运动理论知识训练

足球运动理论知识包括运动员们都要学习的基础运动理论知识，以及针对足球运动员设置的专项运动理论知识两方面内容。

（1）基础运动理论知识一般是指一些学科知识，如运动心理学、运动医学、运动物理学、运动解剖学等。

（2）足球专项运动理论知识一般是指为了让足球运动员形成对足球运动的全面了解以及提高足球运动员的整体能力的知识，包含足球比赛规则、足球比赛评分方法、足球运动技术分析、足球运动战术分析等。

2. 智力因素培养

智力因素培养包括对运动活动实际操作能力和对运动行为能力的培养。运动活动实际操作能力主要表现为学习和运用技战术的能力。运动行为能力包括观察力、记忆力、想象力、思考力、判断力等。

（二）要求

1. 个性化要求

不同的运动员在先天条件以及智力发展水平上存在差异性，这就要求在对足球运动员进行运动智力训练时，要结合运动员的个人状况为每位运动员制定具有个性化特点的训练计划。

2. 对运动员的自觉性要求

足球运动员是足球运动智力训练的主体，只有运动员拥有训练的自觉才能真正实现训练的目的。要让运动员认识到智力能力在足球比赛中的重要性，提高他们参加智力训练的自觉性。

3. 长期性要求

足球运动智力训练和足球体能训练、足球心理素质训练相同，都需要经历一个漫长的训练过程,贯穿运动员的整个运动生涯。在制定运动训练计划时,要将智力训练纳入其中,并且根据运动训练的发展特点,制定相关的长期与短期训练规划。

4.反馈要求

在对足球运动员进行智力训练的过程中,要制定科学的运动智力评价体系,及时对运动效果进行反馈,为制定下一步的训练计划提供科学的依据。

第三节　校园足球后备人才选拔的指标与评价

一、足球后备人才选拔的指标体系

（一）身体形态指标

1.身高

身高指标能够将一个人的身体发育水平反映出来。在足球后备人才选拔过程中,可以事先对备选人才的身高进行准确预估。虽然足球运动对运动员的身高没有绝对的要求,但身高也是一个重要的选拔指标。

2.去脂体重

去脂体重能在一定程度上反映人的生长发育状况和营养状况。一般情况下,体脂成分越高,人体中肌肉含量越少,这就说明今后肌肉系统潜在发展能力越低。足球后备人才选拔对去脂体重是非常重视的,一定要将其作为一个重要的选拔指标。

（二）生理功能与生化指标

一般情况下,足球后备人才选拔过程中,需要考虑的生理功能与生化指标主要有以下几个。

1. 最大摄氧量

最大摄氧量就是人体的呼吸循环等机能在最高水平的时候单位时间内所摄取的最大氧量。通过其数值能够将人体吸进氧、运输氧和利用氧能力反映出来。足球是一项有氧与无氧混合型运动,最大摄氧量会对足球运动员的身体机能水平产生直接影响,因此,在选拔足球后备人才时,一定要参考这方面的因素。

2. 心率

心率指的就是人体每分钟心脏搏动的次数,这一指标非常常见,测量起来比较方便。一般来说,心率越快,心输出的血量就越多。可以说,心率的变化情况能在一定程度上反映出人体的机能发展状况。因此,在足球后备人才的选材中要将心率作为一个重要的选拔指标。但是要注意心率过高(超过 180 次 / 分)的情况。

3. 血乳酸

在人才选拔指标体系中,血乳酸也是一个非常重要的参考指标,通过观测血乳酸水平,能对训练强度进行很好地控制和调整。需要注意的是,影响人体血乳酸水平的因素有很多,如基因遗传、运动强度、训练水平等,在选拔的过程中要综合考虑。

(三)运动素质指标

身体素质是运动员训练和比赛的重要基础,没有一个良好的身体素质是难以完成训练和比赛的。运动员身体素质水平的高低,在很大程度上决定着运动技能水平。因为没有一定的身体素质做保证,技战术就难以得到有效的发挥。身体素质是由健康素质和运动素质构成的。通常情况下,足球后备人才的运动素质指标主要有以下几个方面。

1. 速度素质

在足球运动中,速度素质非常重要,良好的速度素质能加快攻守速度和节奏,使己方球队在争取主动权方面占有一定的优势。可以通过30 米、60 米和 100 米跑来检测运动员的速度素质。

2. 耐力素质

耐力素质也是足球运动员的基本素质。一般情况下,人的耐力素质,主要取决于人体循环系统、肌肉系统、呼吸系统、神经系统这几个因素。我们可以通过 800 米、1500 米计时跑等来简单地检测运动员的耐力素质。

3. 力量素质

在足球运动员的力量素质中,爆发力和快速力量是其中重要的指标。对于足球运动员而言,良好的腰背肌力也是不可或缺的,只有具备这些力量素质,才能保证其完成比赛中大量跑、跳、抢等动作。可以通过收腹举腿、三级蛙跳等方式测试运动员的力量素质。

4. 弹跳素质

作为一名出色的足球运动员,具备基本的弹跳力素质也是非常重要的。一般来说,足球运动员的弹跳能力会对足球比赛中的控制权产生直接的影响。运动员的弹跳素质与爆发力、无氧代谢能力和全身协调能力之间也有一定的相关性。我们可以通过助跑单脚摸高的方式来测试运动员的弹跳素质。

5. 灵敏素质

足球属于一项攻守对抗非常激烈的运动,在比赛中,运动员对球权的争夺、对时空的控制等都要求其具备良好的灵敏素质。可以说,灵敏素质是运动员各种素质和运动技能在运动中的综合表现。我们可以通过十字跳的方式来测试运动员的灵敏素质。

(四)心理指标

心理素质也是运动员应该具备的重要素质,一般来说,足球运动员的心理指标主要有以下几个方面。

1. 操纵准确度

操纵准确度就是指运动员用手、臂或脚快速、准确完成任务的能力。对于足球运动员来说,近距离射门、远距离射门等对操纵准确度都有非常高的要求。

2. 上下肢协调性

上下肢协调性就是指一个人手和手、手和脚或脚和脚的协调和配合动作的能力。足球运动员在做摆脱过人等技术动作时,就要求必须具有非常好的上下肢协调能力,这也是足球后备人才的一个非常重要的选拔指标。

3. 反应时

反应时就是机体对某个刺激快速做出反应的能力。一般情况下,反应时的长短能够在一定程度上反映运动员的起动反应能力,如足球比赛中罚角球时运动员争抢头球的能力。

一般来说,不同的足球后备人才的心理运动能力是有着显著的差异性的,在选拔时要具体情况具体分析。

(五)智能指标

每一名运动员都是不同的,无论是身体素质还是心理水平、运动素质等方面都存在着一定的差异。除此之外,个体的智能水平也是不同的,主要原因在于先天的遗传以及后天环境的影响,其中,教育的作用尤为显著。

一般来说,人的智能主要是通过行为表现反映出来的,行为表现的物质基础是神经系统。神经系统在人体生长发育过程中是最早形成,且最早定型的。在足球后备人才的选拔中,也不要忽略了智能这一指标,这一指标将会对运动员的未来发展产生深远的影响。

二、足球后备人才选拔的评价方法

(一)分层评价在足球后备人才训练中的应用

分层评价指向具体的课程目标,重视青少年的个体差异,强调针对基础不同的青少年,需要采用不同的评价方式,以追求足球训练的最佳效果。此评价方法对青少年学生的身心健康、社会适应能力、运动参与度、足球基本功、学习训练态度、进步程度等各方面内容做出综合、有效的评价,符合青少年的年龄特点、身心发展规律,有助于青少年形成正确的价值观,养成积极乐观、自信坚强、艰苦奋战的优秀品质。运用此种评价方法,将有效增强青少年球员的自信心,提升体育教师、教练员的教学积极性,促使球员不断取得进步。

分层评价包括基础性评价、发展性评价两部分内容。

1.基础性评价

基础性评价以体育教学目标、足球训练目标为中心,建立评价体系,评价指标的具体内容与目标基本保持一致,通常包括身体健康、心理健康与心理卫生、课堂教学中的参与度、训练的积极程度、学生的团队协作能力、基础知识的掌握程度(如在传球过程中对球的调控)等。足球运动作为一项受人欢迎的团体性运动,需要重视对球员团队协作能力、配合程度的考察,建立起定量、定性评价机制,让青少年球员对参与足球训练抱有更大的热情。

2.发展性评价

发展性评价以球员的基础技能、理论水平为基础,是对动作完成程度的具体评价,例如评价球员在绕杆射门过程中的射门力度。足球教师、教练员需要根据个体差异,制订细化的评价标准。

3.在足球训练中应用分层评价的具体案例

分层评价经常运用于足球训练之中,通过个性化的分析、有针对性的评价标准,燃起了青少年学习、训练的热情,使广大青少年真切感受到了体育的魅力,积极参与到课堂教学与日常训练中,掌握基本技能,为日后更加深入地学习与训练打下坚实的基础。

接下来,通过几个实例来具体分析分层评价在足球训练中的应用。

(1)案例一

对于身体素质欠佳、足球基础薄弱,对足球教学、足球训练、团队对抗赛等感到畏惧,在训练课上频繁躲球,运球偏差的学生,体育教师、教练员可以根据其之前的运动表现,在训练中适当放宽对他们的要求。例如,教练员不要求这些学生抢球的第一落点,而是对简单、易于控制的动作提出较高的要求,要求其从球的第二落点开始控球,之后再传球。通过降低评价标准,帮助学生一步步克服心理障碍,攻克技术、战术难关。教师的评价与及时的肯定,对学生有着非常重要的作用。

（2）案例二

对于身体素质好、热爱体育运动、足球基础扎实的学生,体育教师、教练员要提升评价标准,对他们提出更高的要求。这类学生通常具有较强的表现欲,能够在团队中发挥核心作用,体育教师、教练员要利用好这些优势,指导这类学生做好团队领导、协调工作,在对抗比赛中充分发挥自身水平,实现自身才能。与此同时,体育教师、足球教练员可以为他们安排额外的课后作业、训练课程,帮助他们进一步提升身体素质、技术水平。

（二）从基本技术、身体素质方面进行综合评价

1. 基本技术、身体素质指标的筛选

有相关专家计算了基本技术、身体素质、运动训练三者之间的相关系数,发现三者之间存在着紧密的联系,而且相较于基本技术,身体素质对运动训练水平的影响更大。通过具体的测试项目、基本技术指标、身体素质指标的信息结果可以对足球后备人才训练的效果进行有效评价。有相关专家利用逐步回归、多元回归、偏分析等多种科学方法对基本技术、身体素质的相关指标进行筛选,确定了包括 11 项指标在内的典型测试项目(表 8-2)。

表 8-2　足球训练评价指标分类[①]

类别	入选指标	代表能力方面
基本技术	跑动颠球	球性
	往返运球	控制球
	传接球	跑动中传接
	接趟球射门	射门
	铲球	抢断球
	争顶	争抢空中球

---

① 宋澎，麻田雷 . 对我国优秀少年足球运动员基本技术、身体素质、训练水平的综合评价 [J]. 北京体育学院学报，1993（02）：81-84.

续表

类别	入选指标	代表能力方面
身体素质	30 米启动跑	快速启动及短距离
	20 米绕杆跑	灵敏性
	25 米见线往返跑	速度耐力
	十级跳	下肢力量及全身协调用力
	12 分钟跑	耐力素质

2. 基本技术、身体素质两项综合指标回归方程的建立

将每个人 6 项基本技术指标、5 项身体素质指标的各项原始分数初步换算成标准百分数,再按类别进行合并,分别算出平均数,将其作为青少年球员基本技术、身体素质训练水平的综合指标,随后进行二元回归计算,得出具体方程式(表 8-3)。

表 8-3　二元回归方程

引入方程的项目	回归方程
X_2 基本技术综合指标	$Y=50.30655+0.1391X_1+0.4383X_2$
X_2 身体素质综合指标	

3. 基本技术、身体素质评价标准的制定

根据正态分布理论,有关专家制定出了与基本技术、身体素质 11 项指标相关的单项评价标准,将平均数周围占总体 50% 的频数定为中等;高于中等占总体 25% 的频数定为上等;低于中等占总体 25% 的频数定为下等(表 8-4)。

表 8-4　基本技术、身体素质单项评价标准 [1]

	颠球	运球	传接球	接趟球	铲球	争顶	30 米跑	20 米绕杆	25 米折返	十级跳	12 分钟跑
上	80 ~ 100	64 ~ 100	64 ~ 100	64 ~ 100	64 ~ 100	64 ~ 100	64 ~ 100	64 ~ 100	64 ~ 100	64 ~ 100	64 ~ 100
中	28 ~ 78	36 ~ 62	36 ~ 62	36 ~ 62	36 ~ 62	36 ~ 62	36 ~ 60	36 ~ 62	36 ~ 62	36 ~ 62	36 ~ 62
下	26 ~ 0	34 ~ 0	34 ~ 0	34 ~ 0	34 ~ 0	34 ~ 0	34 ~ 0	34 ~ 0	34 ~ 0	34 ~ 0	34 ~ 0

---

[1]　宋澎,麻田雷 . 对我国优秀少年足球运动员基本技术、身体素质、训练水平的综合评价 [J]. 北京体育学院学报,1993(02): 81-84.

除了单项评价标准,有关专家制定出了基本技术、身体素质及运动训练水平综合评价标准。其设计理念、制作方法与单项评价标准基本一致(表 8-5)。

表 8-5 基本技术、身体素质及运动训练水平评价标准

	基本技术 X_1	身体素质 X_2	运动水平 Y
上等	>61.34	>61.34	>83
中等	<61.34	<61.34	<83
	>38.66	>38.66	>75
下等	<38.66	<38.66	<75

三、足球后备人才体能训练效果评价

(一)力量评价

以掷界外球测试为例。在平整的足球场上,在规则要求的界外球规格条件下进行界外球掷远练习,用测量尺测量距离。掷两次,取其中最好成绩。距离越远,力量越好。

(二)速度评价

以 5×25 米折返跑测试为例。如图 8-1 所示,受试者要从场地一端起始线跑到画好的各条线处并回到起始线,受试者起动时开始计时,依次跑完所有画好的线后冲过起终点线时停止计时。间歇 2 分钟后再测试,取其中最好的成绩。

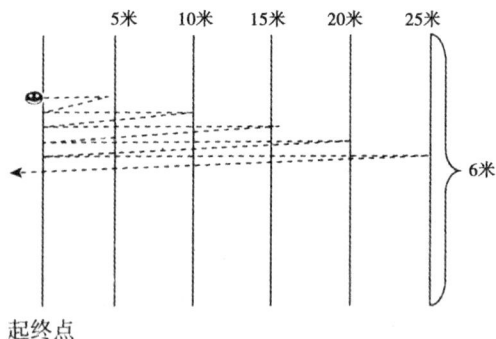

图 8-1 5×25 米折返跑 [1]

---

[1] 周雷. 足球 [M]. 北京: 高等教育出版社, 2004.

（三）耐力性评价

以跑固定距离测试为例。按要求前进、侧向跑、后退、转身、障碍跑以及跳跃，共做四个测试循环（图8-2）。

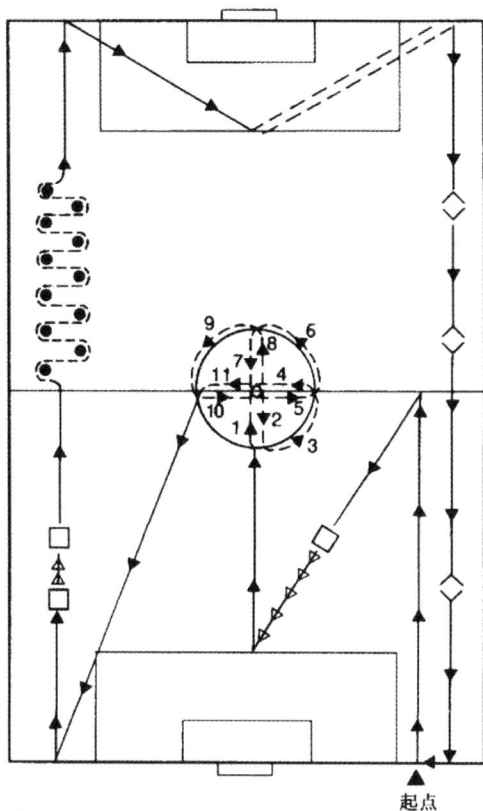

图8-2　跑固定距离[①]

（四）灵敏性评价

以往返冲刺跑测试为例。包括7个34米的冲刺跑，其间穿插25秒的积极性恢复期。如图8-3所示，从A出发穿过标志物（高于160厘米）到达B，然后在25秒内慢跑回到C。这项测试由7次冲刺跑和6次恢复性慢跑组成。每位受试者7次冲刺跑的时间分成三种不同的测试

---

① （瑞典）比约恩·埃克布洛姆，陈易章等译.运动医学与科学手册　足球[M].
北京：人民体育出版社，2003.

结果：

（1）最快冲刺跑时间。

（2）7 次冲刺跑的平均时间。

（3）疲劳指标：最慢冲刺跑时间减最快冲刺跑时间。

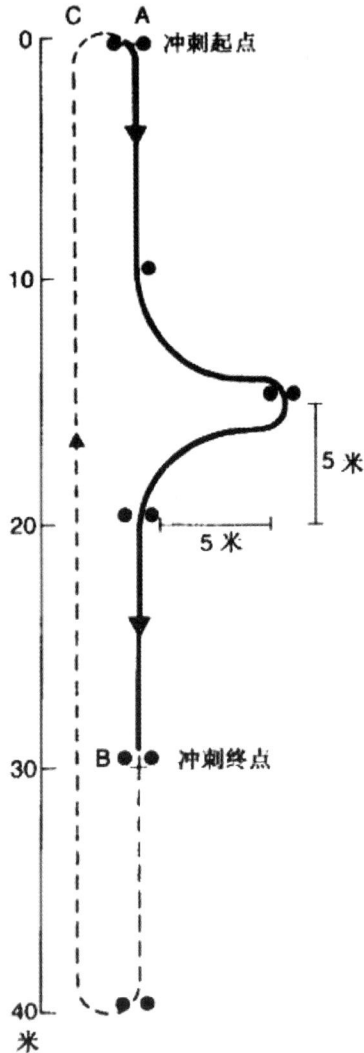

图 8-3　往返冲刺跑[1]

① （瑞典）比约恩·埃克布洛姆，陈易章等译.运动医学与科学手册 足球 [M].
北京：人民体育出版社，2003.

四、足球后备人才技术训练效果评价

（一）传球技术评价

以球门墙射准测试为例。如图 8-4 所示，罚球弧线外侧共放 10 个球，中间 4 个，两角各 3 个。受测试者左脚踢 5 个球，右脚踢 5 个球，记录每个球的得分。如果射中点正压在区分线上，记录两部位的平均分。

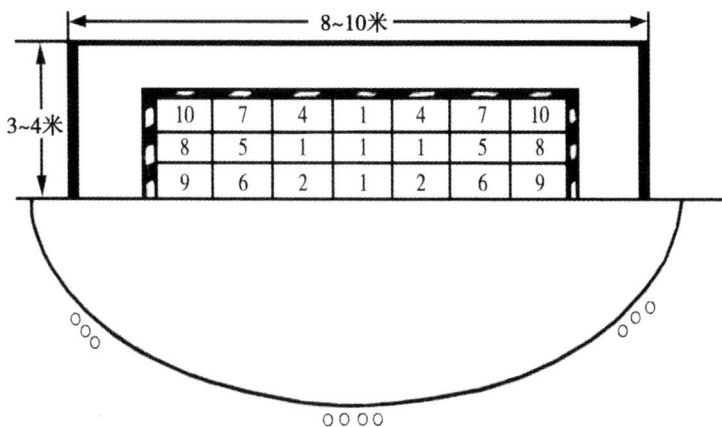

图 8-4　球门墙射准[①]（图中 m 改为米）

（二）运球技术评价

以折线运球为例，在足球场上划两条间距 9 米的平行线，在平行线上分设 A、B、C、D、E、F 6 个点，每条线上各点的距离不等（图 8-5）。受试者在起点线后沿着虚线轨迹带球，在各个标志前过线后折线变向运球，在 E、F 之间的终点线之外踩停住球。在受试者起动时开始计时，停住球后计时结束。

测试时有以下几点需要注意：

（1）受试者不得带球绕过标志。

（2）避免球触碰两条线上的标志。

（3）运球折返时必须使球越过标志前的线。

---

① 周雷.足球［M］.北京：高等教育出版社，2004.

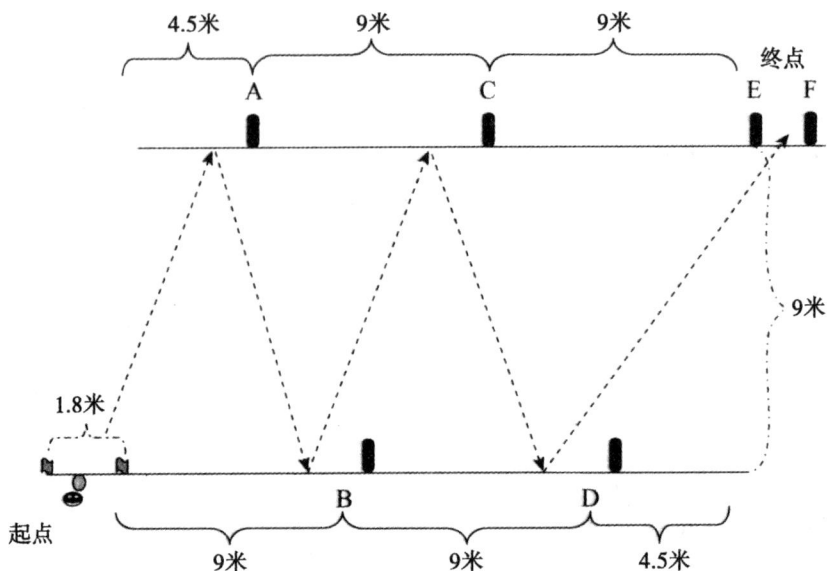

图 8-5　折线运球 [①]

（三）射门技术评价

1. 绕球射门

如图 8-6 所示，带球绕过 6 根标杆后射门，球过球门线停表。带球时不能漏杆（如漏杆要补上），并在罚球区外完成射门动作。球不进的情况下加时 2 秒。

2. 接球转身射门

如图 8-7 所示，放置 4 个足球分别对准 4 根球门柱。受测者站在罚球弧顶 2 米前，每人有 3 次接应射门机会，分左、中、右移动接应球后射门。要求接球时在 3 次触球内完成射门动作，超过 3 次则无效；左、中、右传球距离 10 米，要求在罚球区外完成射门，否则无效。

---

① 周雷.足球[M].北京：高等教育出版社，2004.

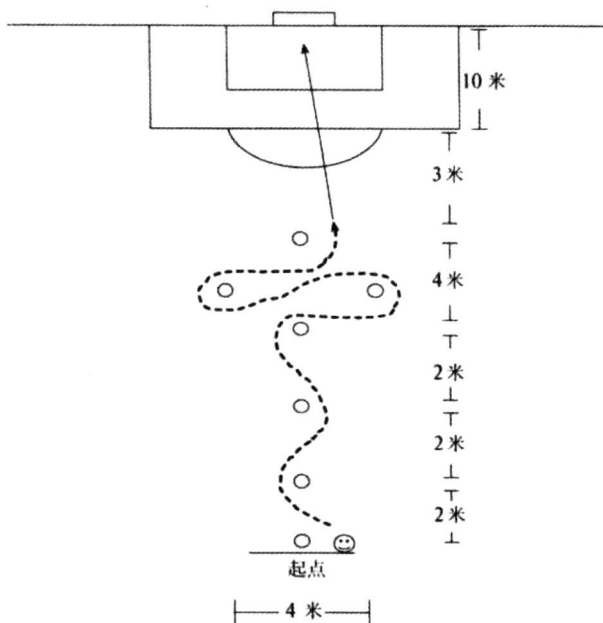

图 8-6　绕球射门 [1]

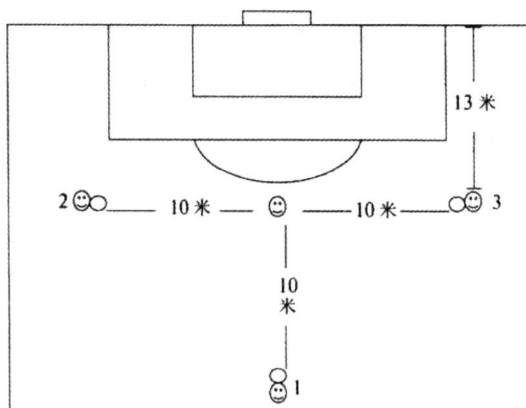

图 8-7　接球转身射门 [2]

---

① 庄小凤，沈建华．校园足球 [M].上海：上海教育出版社，2014.
② 庄小凤，沈建华．校园足球 [M].上海：上海教育出版社，2014.

第九章

校园足球后备人才培养研究

　　培养后备人才是竞技体育可持续发展的关键,因此要振兴国足,就要补齐人才短板,加强对优秀足球后备人才的培养。本章主要就校园足球后备人才的培养展开研究。

第一节　国内外足球后备人才的培养机制比较

　　以日本为例,与中国足球相同,日本的职业足球联赛(J联赛)也是在20世纪90年代开始的。成立职业联赛后,日本足球发展迅速,其竞技水平一直居于亚洲前列,同时也涌现出了大量的高水平运动员。目前,J联赛包括18支J1联赛队伍、22支J2联赛队伍和13支J3联赛队伍。日本非常重视足球后备人才的培养。日本对加入J1联盟的俱乐部有着严格的要求,要求加入J1联盟的俱乐部必须有二、三、四梯队,分别为16～18岁青年队,13～15岁准青年队,8～12岁少年队,对运动员的年龄限制较为严格。因此,日本每支J联赛的球队都有非常完备的梯队。

　　结合我国职业足球俱乐部发展来看,中外足球后备人才的培养梯队主要存在以下几个方面的不同。

（1）与日、德等国相比,中国职业足球俱乐部的后备梯队相对较少,人员也不是很充足。

（2）中国职业足球俱乐部后备梯队的周训练次数、周训练时间均比日、德的职业足球俱乐部后备梯队要多很多。

（3）日、德有专业教练员对后备人才进行指导,培养方法比我国比较先进。

（4）日、德职业足球俱乐部后备梯队球员分布在各大、中、小学校中,在兼顾训练的同时也保证了能接受正规的文化学习。而我国俱乐部对后备人才的培养将训练放在第一位,忽视文化素质培养。

（5）中、日、德职业足球俱乐部都很重视一线队的成绩,不同的是,日、德在重视一线队伍的同时还非常重视后备人才的培养与发展。而我国职业足球俱乐部过于看重短期经济利益,在一定程度上忽略了后备人才的培养,这对于我国足球的可持续发展是非常不利的。

第二节　校园足球后备人才培养的理论体系

在足球运动训练中,加强足球后备人才的管理非常重要。足球后备人才的管理要遵循一定的理论,依据一定的管理原理展开具体的管理活动。足球后备人才管理的相关原理及理论有很多,下面就重点阐述其中重要的理论及原理。

一、运动生理学理论

（一）运动生理学的概念

运动生理学作为生理学的一门应用分支学科,研究人体在参加体育运动中的各种功能活动的发展变化。具体来说,是研究人体在单次运动或者反复运动中身体的各种功能所产生的反应以及适应性变化,并且用于对运动实践的指导。

（二）肌肉与运动

1. 肌肉的组成及功能

人体的肌肉主要分为骨骼肌、平滑肌和心肌三大类。其中，骨骼肌的数量约占体重的 40% ~ 45%，是实现躯体运动的主要组织，运动生理学研究的肌肉主要是指骨骼肌。肌肉活动是通过收缩和舒张来实现的，包括各式各样的运动和维持各种姿势等。

2. 肌肉收缩与舒张的原理

（1）肌肉收缩的肌丝滑行理论。肌丝滑行理论是指肌肉的缩短或伸长是由于肌小节中粗肌丝和细肌丝相互滑行完成，而肌丝本身结构和长度不变。

（2）肌肉兴奋收缩和舒张的过程。肌肉的收缩是由细肌丝和粗肌丝的相互滑行实现的，由横桥运动产生带动，而在完整的机体中，肌肉的收缩是由运动神经传来的兴奋信息引起的，即神经冲动神经肌肉接头传递至肌膜，再触发横桥运动，产生肌肉收缩，收缩后再舒张然后进行下一次收缩。简而言之，肌肉收缩和舒张的全过程是由三个环节构成：兴奋—收缩耦联、横桥引起肌丝滑行、收缩的肌肉舒张。

3. 肌肉的力量

（1）静力性力量和动力性力量。肌肉力量一般可分为静力性力量和动力性力量。静力性力量指肌肉等长收缩时的力量，能让身体保持某一姿势但不产生明显的位移运动。动力性力量是肌肉向心或离心收缩时所产生的力量，是人体或动作明显产生位移的动力。动力性力量又分为重量性力量和速度性力量。重量性力量的大小主要用肌肉工作时所推动的器械的重量来计算，例如，举重运动使用的力量就是典型的重量性力量。速度性力量的大小是由加速度来评定，例如，田径运动中的投掷、跳跃，足球运动中的顶球、踢球等属于此类。

（2）绝对力量和相对力量。另外，有时也把肌肉力量分为绝对力量和相对力量。绝对力量指机体克服阻力时使用的最大肌肉力量。相对力量是指单位体重、去脂体重、体表面积、肌肉横断面积表示的最大肌肉力量。

（3）最大力量、爆发力和力量耐力。肌肉的力量按照其表现形式还可分为最大肌肉力量、爆发力和力量耐力等三种基本形式。最大肌肉力量以肌肉所克服的最大负荷阻力表示。爆发力是短时快速发挥的力量，以力与发力速度的乘积表示。力量耐力指肌肉长时间对抗阻力的能力，以持续时间或重复次数表示。

（三）呼吸与运动

1.肺通气

肺通气是指肺与外界环境之间的气体交换过程。

（1）肺通气的动力。呼吸肌的收缩和舒张引起胸廓节律性地扩大与缩小称为呼吸运动，它是实现肺通气的原动力。肌肉收缩与舒张带动胸廓的扩大和回位。从而引起肺内压与大气压之间的压力差，推动气体进出肺部，再具体一点其实就是肺泡与外界环境之间的压力差实现了肺通气。

（2）肺内压。肺泡内的压力称为肺内压。人体平静时的呼吸是由吸气肌的收缩来实现的，属于主动过程。当吸气时，胸廓扩大，肺内压下降，当下降至低于大气压时外界气体顺压力差进入肺泡。在平静呼吸时，呼气运动并不是由呼气肌收缩引起，是胸廓和肺依靠弹性回缩使肺容积缩小，肺内压升高至大于大气压时，肺内的气体由于压力差被排出肺部。而在用力呼吸时，呼气和吸气都是主动的。

（3）弹性阻力。呼吸器官的弹性阻力来自胸廓和肺，其阻力的大小可用顺应性来衡量。顺应性是用容积变化与压力变化的值来表示。正常情况下，肺部的结构顺应性因肺的总容积不同而不同，总容积越小，顺应性也越小。少年儿童的肺容积较成人小，运动时呼吸肌比成人易疲劳。比如，青少年足球运动员在训练时，若想增加相同体积的气体，其肺扩张的比例比成人要大，肺的弹性回缩力也大，更容易疲劳。

（4）非弹性阻力。肺通气的非弹性阻力包括惯性阻力、组织的黏滞阻力和气道阻力。气道阻力来自气体流经呼吸道时气体分子之间和气体分子与气道壁之间的摩擦，是非弹性阻力的主要成分，占80% ~ 90%。

2.肺换气

肺泡与肺泡毛细血管之间的气体交换称为肺换气。体内毛细血管与组织液之间的气体交换称为组织换气。气体交换过程都遵循着一定的物理和化学规律,氧和二氧化碳都是通过物理溶解和化学结合的方式来完成气体交换。

(四)能量代谢与运动

新陈代谢是生命活动的基础,它包括物质代谢和能量代谢。物质代谢指机体从外界环境中吸收各种营养物质,用来更新机体的组成或转化为能源物质贮存,同时机体将代谢产物排出体外,这一过程需要消耗能源物质,伴随着能量的释放、转移和利用的这一过程称为能量代谢。

人体消耗的总能量主要用于基础代谢、食物的生热效应和运动的生热效应三个方面。三磷酸腺苷的合成与分解是体内能量流转的关键环节。三磷酸腺苷分子的高能磷酸键断裂,并释放能量,用于机体各种活动所需,不过,除了用于骨骼肌运动之外,三磷酸腺苷释放的能量最终都转化为热能。

热力学第一定律指出,能量在各种形式的转化过程中,既不增加也不减少。机体的能量代谢也遵循这一规律,无论是热能、化学能还是用于机械做功,能量总和不变。由于在静息状态下,能源物质所释放的能量最终都转化成热能,所以测定单位时间内机体产生的热量就可以测算出机体的能量代谢。对于运动时总能耗的测定,除了测量机体散发热量的同时,还要测量机体对外做功所折算的热量,两者之和就是单位时间的能量代谢。

(五)血液的循环与运动

血液在心血管系统中按一定方向周而复始地流动称为血液循环。血液循环的主要功能是为身体各器官组织供应氧和营养物质,同时将代谢产物运送到相应的器官并排出体外。另外,内分泌腺体分泌的激素也由血液送达靶器官进而发挥调节作用。除此之外,血液还发挥着维持人体内环境的稳态和免疫功能的作用。因此,可以说血液循环系统是人体生命活动的基础。随着运动活动的进行,代谢活动发生相应的变动以适应人体所需,此时血液循环也随之做出适时、适度地调整来响应运动的要求。如果人体长期进行规律的、科学的运动训练,血液循环系统无论从功能上还是结构上都会发生一系列的良好变化,人体健康水平也会随之得到提高。

心脏是血液循环的动力器官,它的作用就是通过心室肌的收缩和舒张,将血液泵进动脉和抽吸回心房。心房和心室不间断地、有序地收缩与舒张是实现心室泵血的前提和基础。

心室每次搏动泵出的血量称为每搏输出量。健康成人静息状态的每搏输出量为 70 毫升左右。但即使同样是静息状态,身体的姿势不同每搏出量也不同。一般情况下,卧位的每搏输出量要多于坐位,因为卧位时身体是水平位,全身的血流基本上与心脏处于同一平面,因此少受重力的影响而有利于血液回心。

（六）内分泌与运动

内分泌系统是由内分泌腺以及分散于组织器官中的内分泌细胞组成,内分泌系统更像是一个体内的信息传递系统,与神经系统相互配合共同调节机体的活动,以及维持内环境的稳定。内分泌与外分泌的最大不同之处在于内分泌没有导管,分泌物直接进入组织液或血液。由内分泌系统分泌的具有高活性的有机物质称为激素。激素进入血液后在经由血液循环运送到全身各处,对组织或细胞发挥兴奋或者抑制作用。

体内主要的内分泌腺有脑垂体、甲状腺、甲状旁腺、肾上腺、胰岛、性腺、松果体和胸腺等。

激素主要可分为含氮类激素、类固醇类激素和脂质衍生物类激素三大类。激素可对机体的生理作用发挥加强或减弱的作用。比如调节三大营养物质及水和盐的代谢,促进细胞分裂和分化,调控机体生长发育和成熟衰老过程,影响神经系统的发育和活动,促进生殖系统的发育和成熟,并影响生殖过程,调节机体的造血过程,与神经系统密切配合增强机体对伤害性刺激和环境激变的耐受力和适应力,参与机体的应激反应。

（七）神经系统与运动

神经系统对人体活动与运动的调节是通过大脑皮层、脑干与脊髓三级调控系统,以及大脑基底核、小脑的协调工作共同实现的。神经系统分为中枢神经系统与周围神经系统两部分,主要由神经元构成。神经元之间通过突触进行神经联系,反射是神经系统活动的基本方式。

神经系统工作机制十分复杂,不同的运动类型,调控方法也不同。生理学通常把人类和高等动物全身或局部的肌肉活动称为躯体运动。又依据运动时主观意识的参与程度将躯体运动分为三类:

(1)反射性运动。主要是指不受主观意识控制、运动形式固定、反应快捷的一类运动,如外部刺激引起的肢体快速回缩反射、肌腱反射和眼球注视等反射性运动。

(2)形式化运动(节律性运动)。指主观意识只控制运动的起始与终止,而运动过程大多自动完成的一类运动。这一类运动其形式比较固定且运动具有节律性与连续性,比如步行、跑步、咀嚼、呼吸等。

(3)意向性运动。指具有明确的目的性,完全由主观意识支配运动全程的一类运动,这类运动的运动形式较复杂。比如,跳高运动,运动员需要决定方向、选择高度、运动的轨迹,以及跑动的速度和节奏。

二、运动心理学理论

(一)运动心理学概述

运动心理学作为心理学的分支学科,是研究人体在体育运动中的相关心理活动及其规律的科学。简单可概括为如下几方面:

(1)人在运动中的心理特征与规律,以及个性差异与运动的关系。
(2)运动对人的心理过程和个性产生短期和长期的影响。
(3)掌握运动知识、技能以及训练的心理学规律。
(4)竞赛中人的心理状态及调节。

美国学者考克斯对运动心理学给出了一个简洁的定义:运动心理学研究的是心理和情绪因素对运动和锻炼表现的影响,以及参加运动所产生的心理和情绪效益。

(二)个体心理与运动表现

1.运动动机及分类

动机是推动人进行活动的心理动因或内部动力。运动动机被定义为推动人们参与体育运动的内部动力,是一种内部心理过程,行为是这一内在过程的外在表现。运动动机的产生有两个必要条件:需要和诱因。

需要是因缺乏而引起的内部的不舒服感。当需要没有获得满足时，人的内在平衡便会遭到破坏，在生理或心理上都会有不适感。强身健体、情绪宣泄、获得认同等都可以是参加运动的需要；而诱因是激发参加运动的外部因素，这种因素可能是生物性因素也可能是社会性因素。如高额奖金、舒适的运动环境和设备等都可以是人们进行运动的外部因素。运动动机常常是在需要和诱因的共同作用下产生和进行的，其中内因为主导，外因为辅助。

（1）直接动机和间接动机。根据需要的特点可以分为直接动机和间接动机。直接动机以兴趣为基础、指向活动过程。间接动机以间接兴趣为基础、指向活动结果。一般来说运动员都同时受到直接动机和间接动机的驱使。相比较之下，直接动机对行为的推动更为有效。当运动的难度加大或者需要特别努力时，直接动机就遇到阻碍，需要和间接动机相结合，将过程、目的和意义整合在一起。

（2）外部动机和内部动机。根据来源的不同又可将动机分为外部动机和内部动机。外部动机是指来源于外部原因的动机。如为了获得公众的赞誉而努力训练。内部动机以满足自尊心和自我实现等心理需要为主，如渴望从运动中获得身体上的快感、刺激。相比较而言，内部动机的动力更强，维持时间较长。但内部动机的不足是它更多地指向运动过程而非结果，如果只注重培养运动员的内部动机，那么运动员可能会缺少野心和竞争意识。外部动机对运动员的推动力相对较小，作用时间也较短。以外部动机主导时如果运动员挑战目标失败了，那么会容易泄气，产生懈怠心理。因此，在青少年的培养中要注重内部动机和外部动机一起发展，才能产生更好的效果。

2. 运动动机与运动表现

（1）归因理论。归因广泛存在于社会生活的方方面面，是人们随时随地都会产生的一种心理活动。韦纳对归因理论的解释最为简练易懂，他指出个体在遇到事情时通常会做出一定的归因，比如能力、努力、运气和任务难度。这四种归因又可分为三个维度：控制点、稳定性和可控性。

正确的归因可以激励个体，错误的归因会阻碍个体采取积极的行动。目前，有关归因理论的研究结果并不一致，但是采取恰当合理的归因可以有效地指导运动员,特别是青少年运动员的训练和比赛。有计划的归因训练可以改变运动员认识成绩的方式,也可以改变运动员的实际表现。在培养青少年足球人才的过程中,要对心理培养和建设给予充分的重视,特别是动机培养、归因练习,这些都是球员训练的重要组成部分,与体能训练、技战术训练等同等重要。

（2）自我效能。自我效能是指一个人对自己能否成功地完成一项任务所持有的信心和期望,或是对自己能够成功完成一项任务所具备的潜能的认识。自我效能又称为"自我效能感""自我信念""自我效能期望"等。影响自我效能的有四种信息：成功经验、替代经验、言语说服和情绪唤醒。

（三）运动团体与运动表现

1.团体及团体凝聚力

社会心理学家将团体界定为由两个或两个以上的个体组成、彼此互动或相互影响的组合。卡伦等人将运动队界定为由两个或以上的个体组成的团体,其成员具有共同身份、共同目标、共同命运,成员使用结构化的模式交流及互动,成员之间相互依存、相互吸引,以一个整体的形式存在。

团体凝聚力或团队凝聚力反映的是团体倾向于聚集在一起、追求某一共同目标的动态过程。这一定义体现了凝聚力的动态性、工具性及情感性。凝聚力是团体生活中的重要因素。

2.团体凝聚力的心理结构

团体凝聚力是一个多维结构,包括任务凝聚力和社会凝聚力。任务凝聚力指队员团结一致为实现某一特殊的或者可识别的目标做出努力的程度。社会凝聚力是指团体成员相互欣赏,愿意成为团体一员的程度。对运动团队而言,任务凝聚力与队员团结一致为了实现同一目标相关联。比如球队为了赢得比赛队员之间相互配合、相互支持,最大限度地发挥自己的作用,给队友创造最佳机会等,都是为了一个共同的目标。而社会凝聚力则与队员之间的相互欣赏、相互认同和吸引有关。但是值得注意的是,任务凝聚力并不等于社会凝聚力。球员之间也许有较低的社会凝聚力,但是这并不妨碍他们有极高的任务凝聚力。

3. 团体凝聚力的效果

个体及团体效果都包括行为效果、绝对及相对运动表现效应。个体效果还包括满意度。运动队或运动员个人的输或赢,是团体及个体绝对运动表现效应的衡量指标。而将一支运动队或运动员本人目前的表现与先前表现相比较,则衡量了团体及个体的相对运动表现效应。比如,一名球员输掉了一场比赛,意味着他的绝对运动表现效应降低,但他却获得了参赛以来的最好成绩,则表示他的相对运动表现效应提高。另外,团体凝聚力会影响个体对团队其他成员及团队的满意度。

4. 团体凝聚力与运动表现

团体凝聚力与运动表现互相影响。有学者曾做过大量的研究,结果发现凝聚力与运动表现之间存在着正向关系。比如,更高的凝聚力将促使团队付出更多的努力,进而提升团队的运动表现,运动表现的提升反过来又会促进团队的凝聚力。

5. 促进团体凝聚力的途径

一个运动团队一般包括教练、体能教练、领队、运动员、心理咨询人员等,不同的角色承担着不同的责任,如果要提升团队的凝聚力需要集体协同努力。

(1)教练要创造有效沟通的环境。研究发现,团队成员的有效沟通与凝聚力提升正相关,即沟通的增加可以提升团队的凝聚力,凝聚力提升了又会促进成员之间更多、更有效地沟通,循环往复。因此,教练或者团队领导者有责任营造一个有效沟通的环境,促使运动员能够在一个轻松、和谐的氛围中进行自由表达,抒发自己的思想和情感,并且能够得到认真的回应或对待。一个团队领导者应注意打造开放式的沟通渠道和环境,从而促进凝聚力的提升,凝聚力的提升又会鼓励团队成员间更加开放地沟通和交流,鼓励每个队员能够真诚地表达自己的正面或者负面的情绪,使队员之间具有深度的了解、更少的误解,这些都是促进团队凝聚力的有效途径。

(2)明晰个体在团队中的角色。如果每个运动员都能清晰地知道自己在团队中的角色,将有助于提升团队的凝聚力。这首先需要教练清楚地解释每个成员的角色,以及每个角色对团队成功的重要性。每位队员在明确了自己的角色之后,对个人目标和团队目标就有了整体把握,这对接下来的努力具有非常重要的指导意义。并且,一个具有高凝聚力的团队,每个努力的成员都会潜移默化地带动其他成员也付出等量的努力。

(3)设定具有挑战性的团队目标。具有挑战性的目标对个体和团体都有正向激励的作用。这里要强调的是,设定目标是对一个努力过程的预期,不仅仅指向结果。也就是说目标要关注过程和表现,而非仅仅局限于最终结果。比如,假设团队达成目标,那么团队会因为每个人的努力、表现和结果而受到鼓舞,团队凝聚力将得以提升。假设团队没能达成目标,但是每个人付出的努力以及更好的表现同样是对目标的回应和实现,也具有意义,是阶段性的进步,是为达到目标的一次有效努力。

(4)提升成员对团体的认同感。打造团队的独特性有助于提升团体认同感,进而提升团体凝聚力。因此,教练员可以留意挖掘团队的独特性,并通过一些手段进行展示。

三、人才管理理论

(一)人本原理

人本原理是指在运动训练的管理过程中要以人为根本,要满足运动员的各种训练需求。人本原理就是对一切管理活动均应以调动人的积极性,做好人的工作为根本规律的概括。在足球后备人才的管理中,也要坚持与遵循人本原理,以足球后备人才的发展为重点,为其创造良好的训练环境和条件,促进其全面素质的发展与提高。

足球后备人才的管理,其主要目的在于满足运动员的各种训练需求,促进其竞技能力的提升及全面素质的发展。在后备人才管理的过程中,人是最为主要的因素,一切管理手段与方法的采用都是通过人来执行的。

人本原理就是要体现以人为本的基本思想,促进人的全面素质的发展和提高。在足球后备人才的管理中,应始终坚持以人本原理为指导,从而为足球训练活动的顺利进行提供良好的保障。

(二)责任原理

责任原理是指为了实现组织目标、挖掘人的潜能,应在合理分工的基础上明确规定各个部门及个人必须完成的工作任务和必须承担的与此相适应的责任。

在足球后备人才的管理与发展中,应充分挖掘运动员的潜能,提高训练管理的效率,明确整个管理部门中每个人的责任,任何人都要对整个运动训练过程负责。目前,这一原理在足球后备人才管理中得到了充分的利用。

在足球后备人才的管理中,应用责任原理需要注意以下几个方面的要求。

1. 建立完善的责任制

为加强足球后备人才的管理,还需要建立一个完善的责任机制,有效地运用责任原理去管理足球后备人才。具体而言,就是要在平时的管理中建立相应的岗位责任制、考绩制、奖惩制等制度,形成一个完善的管理制度体系,在这一制度体系下,责任原理才能够得到有效的应用,足球后备人才的发展才有良好的保障。

2. 明确各部门和个人的具体职责

分工是责任原理中一个非常重要的方面,因为只有分工明确了,职责划分才能明确。足球后备人才的训练是一项十分复杂的工作,没有一个明确的分工是不行的。如果分工不明,一切工作都可能会发生混乱,不利于后备人才日常训练活动的顺利进行。但需要注意的是,分工不等于职责。分工只是一项任务划分,除了分工之外,还要明确每一名运动员的具体职责,如此才能使其更好地参加运动训练。

3. 合理进行职位设计和权限委授

明确了足球后备人才的基本职责外,还要授予其相应的权力,这样后备人才的职责才能得以履行。足球后备人才要对工作完全负责,仅合理委授权限是不够的,还要让其承担一定的风险,这样才能督促其不断发展和进步,有利于训练活动的顺利开展。

4. 奖罚要分明、公正、及时

在足球后备人才的管理中还可以引入一定的奖惩机制,即奖优惩劣,做到公开、公正、公平,这样才能激发后备人才训练的积极性,取得理想的训练效果。

（三）效益原理

效益原理是指在运动训练管理中,管理活动的各个环节、各项工作都要紧紧围绕提高社会效益和经济效益这个中心进行,在合理利用各种资源的条件下,尽可能地创造最大的社会效益与经济效益。

社会效益与经济效益可以说是非常重要的两个方面,足球后备人才的管理一定要遵循效益原理,将效益原理贯穿管理的全过程。在足球后备人才的训练管理中,要想实现管理效益的最大化,尤其要注意以下几个方面。

（1）整个训练管理活动要以提高效益为核心,包括经济效益和社会效益。

（2）整个训练管理活动应为实现经济效益努力创造必要的条件。

（3）训练管理思想能对管理效益产生非常重要的影响。

（4）局部效益要与全局效益相结合。

（5）管理者的眼光要放长远,不能只盯着眼前利益而忽略了长期效益。

（四）动态原理

动态原理是指在管理过程中,对管理对象的变化情况要正确及时地把握,对各个环节要不断进行调节,以促进整体目标的实现。在足球后备人才的管理活动中,管理对象主要有人、财、物、时间、信息等,受各种因素的影响,这些方面都是不断发展和变化的,因此足球后备人才的管理要遵循动态原理,这样才有助于实现管理目标。

（五）竞争原理

竞争是竞技体育的基本属性,竞争也是普遍存在于运动训练管理之中的,管理活动的各个环节中都充满了竞争。可以说,竞争是促进体育运动不断向前发展的重要动力,同时竞争也能有效地挖掘人的潜能,促进人的不断发展。因此,在足球后备人才的管理中要善于运用竞争原理实现管理的目标。

（六）系统原理

在足球后备人才的管理中,系统内的要素非常之多,各个要素之间都有着密切的联系,它们按一定的结构动态地组合在一起。为了实现训练管理的目标,必须运用系统理论进行细致地研究与分析。

系统的整体效应观点认为:系统的整体功能之和可以大于各要素在孤立状态之和。这是因为系统的诸要素经过合理地排列组合后,构成新的有机整体,具有其在孤立状态中所没有的新质,产生了放大的效果,即产生了"1+1>2"的效果。根据对系统原理的认识和理解,可以引申出符合该原理思想的管理原则,即整分合原则、优化组合原则和相对封闭原则。

1. 整分合原则

在足球后备人才的管理中,管理者要想提高管理的效益,就必须要了解整个系统工作流程。在此基础上,再将整体分解为一个个基本要素,进行明确分工,使每项工作规范化,建立责任制,然后进行科学地组织综合。这就是整分合的原则。

2. 优化组合原则

优化组合指的是既要搞好分工,又要搞好协作,从而实现理想的管理效益。因此,分工不能随心所欲,分级也不能没有标准,各级更不能任意组合。要想有效实现系统的目标,提高其整体效应,必须使系统的组合达到优化。

第三节　校园足球后备人才培养的策略

一、培养优秀的校园足球师资队伍

（一）足球教师的主要作用

校园足球的教学活动是实现教学目标的重要过程,而足球教师是这一过程中的主导者,他们直接决定着教学活动的质量。足球作为一项专业性极强的运动项目,在校园教学中应得到足够的重视,其中一个主要方面就是对足球教师的综合能力有具体的要求。校园足球课程不仅仅是在课堂上完成既定的教学任务,比如一些具体的足球知识、运动技能、素质训练、专项训练、战术训练等。作为足球教师要有全面的专业知识和能力,尤其要具备优秀的教学能力。足球是一项具有丰富历史文化知识的运动项目,也是一项专业性很强的竞技项目,作为足球教师,只有足够优秀才能够担负起这一重任,才能够引领学生了解足球运动背后的丰厚文化体系,才能够真正地认识和理解足球运动的魅力所在。足球教师是校园足球教学的骨干力量,是教学前线的主要执行者和组织者,他们肩负着非常重要的责任,其主要作用具体体现在以下四个方面。

1. 激发学生的足球兴趣

人们常说最好的老师是兴趣,而兴趣的产生也需要培养。青少年学生正处于好奇心特别旺盛的阶段,为了培养学生的足球兴趣,教师应该充分地抓住这一重要时期,为学生创造更多的接触和了解足球的机会,从多个角度展示足球运动的魅力,激发同学们主动探索的热情。而这一过程就是足球教师的价值体现。每个同学的性格不同、兴趣点不同、接受新事物的方式也不尽相同,这就要求足球教师能够细心观察同学们的特点,并且耐心地引导,尽量做到因材施教、因势利导。比如,有的同学最喜欢足球运动中与同伴配合进行攻防的过程,他们能体会到团队作战的豪迈和成就感,但是不能承受失败的打击;而有的同学对足球的兴趣来源于对某个球星出神入化的球技的崇拜,但是又比较抵触艰苦的训练;还有的同学虽然喜欢球类运动,但是基础的力量、耐力或者平衡素质不够好,因此而制约了足球技能的发展。作为足球教师应该用心了解每个同学的具体情况,并悉心保护好他们对足球的好奇心,根据不同的情况给予最合适的引导和帮助。这就是足球教师在校园足球教学中最基础也是最重要的作用。

2. 带领学生科学训练

足球教学是一项系统性和专业性都极强的教学活动。在校园足球的教学活动中,足球教师不仅仅是学生兴趣的引路人,还是带领学生进行科学训练的护航人。青少年学生还在长身体的重要阶段,各项身体素质都具有很大的发展空间,如果得到科学的训练指导,那么将获得事半功倍的效果。反之,如果教师自身的专业能力不够或者教学方法不当,那么也可能导致学生产生不必要的身体损伤,甚至挫伤他们对足球的热情。因此,足球教师的另一个重要的作用就是能够给予学生科学有效的训练指导。

3. 精神文明的传播者

足球教师要完成规定的教学内容,还要带领学生完成要求的训练项目,这是足球教师最基本的教学任务。在以上这些可量化的教学活动之外,在日常的训练或者比赛中,在课余的足球活动中,足球教师应该以身立教,通过自己的言行举止,自然而然散发出对足球运动的热情,间接地对学生产生积极正面的影响。优秀的足球教师不仅仅是课堂上传授足球知识与技能的人,对于学生而言,他们还是实实在在的足球精神和足球文化的代言人。比如,足球教师在工作中表现出的勇敢坚毅的精神品质、持之以恒的训练习惯、机敏果断的行事风格、对足球运动发自内心的热爱、为集体和团队负责的担当,以及娴熟的运动技巧、健美的体格姿态等,都是无形的教育力量,潜移默化影响着学生的身心发展,而这样的影响可能比课堂上的教学具有更深远的意义。

4. 发现和培养足球人才

有很多足球运动员都是在年龄很小的时候就表现出过人的足球天赋和足球热情。就我国的情况来看,最先发现足球人才的一般都是校园里的足球教师。这是因为我国的绝大多数青少年儿童最早接触足球都是在学校的体育课上。我国社会的足球文化还不够发达,还没有多少足够成熟的社会组织或民间团体来挖掘或发现足球人才,目前主要还是通过学校系统来实现这一个功能。也就是说,实际上发现足球人才的重任就落在了足球教师的肩上。足球教师的本职工作除了日常的教学工作,还有一项虽然不是日常工作但又特别重要的内容,即帮助国家发现和培养竞技足球人才。

大量的事实证明,优秀足球运动员最早大部分都是经过校园足球教师发现、培养的。在这个过程中,足球教师为国家的足球事业发展做出了最为突出的贡献。

（二）优秀足球师资队伍的培养途径

1.足球教师的职前教育

（1）双专业性学科设置。足球教师的职前教育是指在入职前所接受的专业训练与教育，是足球教师培养过程的第一阶段。职前教育一方面是对足球教师进行必要的专业培训和技能指导，另一方面是培训足球教师的学习能力，为终身学习奠定基础。目前我国所有的体育教师的职前教育基本上都是由高等师范院校、体育院校的体育教育专业来完成的。现在在学校任教的足球教师都是接受过全面、严格的课程体系的训练，同时也接受了教育专业培养的专门人才。并且，作为职业教师，他们必须具备与时俱进的终身学习能力和强烈的学习意愿，必须具备独立获取知识的能力。足球教师具有双专业性，即同时具备学科知识和教科知识，学科知识是指足球等体育学科专业知识，教科知识是指教育教学相关的专业知识。作为一名优秀的足球教师，并非仅仅是将这两方面知识进行简单地叠加，还必须具备实践能力，能够根据实际需要将自己的知识与能力进行整合，使其内化为自身所需要的专业素质。因此，足球教师教育专业的课程设置中，除了保证学科性知识和教科性知识的内容之外，还要强调整体上以促进足球教师的专业发展为重点，在内容选择和结构安排上要尽量做到科学性、合理性、有效性和实用性。

（2）重视教学与实践相结合。足球教师由于其岗位的特殊性，在职前教育中不仅在专业设置上要科学合理，而且还要特别强调实习的重要性。实习是足球教育专业的必修课程，是职前培养阶段不可或缺的重要内容。在实习过程中，实习教师需要全面接受锻炼，需要将所学理论知识、基本技能在真实的体育教学实践中进行运用。在面对真实的学生群体时，要有能力应对现场出现的突发状况。比如，要有能力应对学生在课堂上随时提出的各种问题，既要保证教学过程的自如流畅，又要维护好课堂秩序和课堂氛围。

2.足球教师的入职教育

（1）入职教育的作用。

足球教师的入职教育是指在获得教师资格、进入职业领域后，足球教师必须接受的一段时间的系统培训。入职教育是帮助年轻的足球教师尽快适应教学工作的必要环节。入职教育还可以帮助那些年轻的教师克服紧张和不安的情绪因素,让他们在独自进行授课之前有机会先和广大学生接触和熟悉,从而做好充足的心理准备。经过入职教育之后,新教师们能够更加从容地走上教师的岗位,并且能够自然地发挥出自己的教学水平。可以说,入职教育的成功与否将影响着一名新教师的角色转换和从业信心。

（2）入职教育的方式。

①集中培训。集中培训一般是在当地教育部门的统一组织下,对新近参加工作的足球教师进行为期不等的职业培训。它包括对常规教学内容的熟悉和掌握,对新的教育理论的统一学习,对未来可预期的一段时间内的教育发展趋势的解读等。旨在帮助新的足球教师树立正确的职业信念、熟悉教材教法、学习体育课堂教学的基本规范、掌握基本教育教学技能,尽快适应教育教学。

②一带一的指导教师制。指导教师制一般是由学校安排有经验的教师以一带一的方式对新入职的足球教师进行辅导。通过示范和指导,帮助新的足球教师能够顺利开展教学工作。这是教育系统内经验传承的一种基本形式。指导教师的主要任务是帮助刚上岗的新任足球教师熟悉岗位,尽快适应真实的教学环境。

3. 足球教师的在职教育

足球教师的在职教育是对足球教师的继续教育与培训,目的是保证足球教师始终保持较高的整体素质,这是保障我国校园足球教学质量的关键。

（1）学历型培训。学历型培训是足球教师职业晋升的必经途径。它是专门针对有学历层次晋级需要的教师而设置的培训,主要包括小学教师进修大专、本科学历,初中教师进修本科学历,骨干教师在职攻读硕士、博士等学历。

（2）提高型培训。提高型培训是指那些已经具有成熟的教学经验的足球教师,为了工作需要或者追求更好的个人成长而对知识和能力进行结构性更新和升级的一种培训形式。它是足球教师适应社会快速发展的必然选择,也是保障我国校园足球教学质量的关键因素,只有足球教师自身拥有学习的动力和意愿,才能够真正地不断更新与改善自己的知识结构,为国家的人才培养做出切实的努力和贡献。

（3）专题型培训。专题型培训一般是指短期的、有针对性的集中培训。它或是为了解决一些具体的关键问题，或是为了让足球教师学习最新的教学成果与教学手段。总之，专题型培训具有目标明确、时间短、收效快的特点，是在职教育中最为常见的一种培训形式。短期专题型培训可以起到以点带线的刺激作用，长期来看对督促足球教师的成长有着重要的作用。

（4）远程型培训。远程培训是足球教师适应现代社会快速发展的必然选择，也是实现终身学习的主要手段。当代社会，通过互联网与多媒体等高科技手段，可以实现授课、辅导、答疑、作业、交流等多种学习需求。通过远程培训，足球教师能够及时学习到体育、科技、教学等各个相关学科的最前沿的知识和技术信息，可以对自己的知识系统进行及时更新，不断地加强和完善自己的知识结构。可以说，远程培训是现代人保持竞争力和终身学习的基本手段。具体来说远程培训具有以下几个优点。

①降低了学习成本。远程培训最直接的优势就是极大地降低了学习成本，只要有一台电脑或者一台智能手机，连接上 WiFi 就可以和世界任何地方的人建立实时连接，可以进行授课、交流、演示等一切原本只能在教室里做的事情，从而省去了交通、食宿等一系列的花费，这为培训双方都节省了大量的时间成本和经济成本。

②丰富了学习途径。由于互联网的便捷性，只要你有一个具体的学习方向，总能找到合适的资源和途径，而不像之前会受到物理空间的限制，只能就近选择教学资源。比如，如果你想学习心理学的相关知识，无论你人在哪里，都可以在线选择世界一流学府、一流教授的心理学课程。总之，远程培训为那些想要不断优化自身知识结构的足球教师提供了便利和可能。

③提升了学习自主性。远程培训是自主学习的过程，是主动获取知识和技能的途径，它极大地提升了学习的自主性，鼓励了学习的主动性，拓展了学习的想象力。远程培训使足球教师不仅可以学习教育系统内提供的培训资源和培训内容，还可以自由选择想要学习的知识和内容。一方面，它让强者更强，即让原来就具有强烈进取心的足球教师获得了更大的自主学习的空间；另一方面，让优者更优，即让优秀的教师人才获得了全面提升自身素质的可能性。

（5）带薪脱产型培训。带薪脱产培训是为了满足足球教师不断进取、开拓创新的需求,为了满足他们实现个人价值、深入提升自己的思想认识和业务素质的一种培训形式,是对学校骨干教师的一种深度培养,也是有利于学校未来的长期建设和发展的一种人才培养方式。

二、开展足球课程教学

足球运动课程是推广校园足球的主要形式之一,校园足球课程是否完整、内容是否专业都关系到学生的足球学习体验。为此,学校开展足球课程教学,要积极探索全新的教学策略,不断尝试新的教学方法、教学内容,制订适合校园足球教学发展的可行方案。以学校足球课程教学改革支撑校园足球的持续发展,发挥校园足球运动的育人价值,扩大校园足球的影响力,实现校园足球的育人目标。

足球课程教学是开展校园足球活动的一个重要形式,发展校园足球,要求改革足球课程教学现状,加强足球教学创新,完善足球课程体系和教学系统,提升足球教学水平和质量。在校园足球课程教学的实施与改革中,要树立科学而先进的教学理念,明确足球教学改革方向,优化足球教学过程,提升学生学习与掌握足球知识和技能的积极性,提升学生的学习效率,同时也要为足球教学的顺利开展而制定与完善科学保障机制,以充分实现足球教学改革的目标,展现足球教学的价值,以足球教学带动校园足球发展,最终实现校园足球的育人价值。

下面具体分析校园足球视角下足球课程教学开展与改革的建议。

(一)转变观念,重视校园足球发展

要开展足球课程教学活动,持续推进足球教学改革,首先要转变教学观念,树立科学而先进的教育观念,而且学校和教师都要转变观念,并保证观念的一致性。

1. 学校观念的转变

学校要对校园足球的育人价值有充分的认识,并了解开展足球教学和实现校园足球育人价值的关系,了解学校足球教学现状和问题,从校园足球的整体开展情况和学校足球教学现状出发,制订促进足球教学改革与发展的科学策略,制订关于足球教学的短期计划与长期计划,为足球教学的顺利实施提供各种资源保障,夯实足球课程教学的基础,促进足球教学目标的早日实现,进而使校园足球的价值得到充分发挥。总之,学校只有转变观念,树立正确办学理念,做好关于校园足球的顶层设计工作,有序推进足球教学的开展,才能更好地提高校园足球教学水平。

2.教师观念的转变

虽然近些年我国一直强调体育教学的重要性,出台了一系列政策来推动体育教学改革与发展,但体育教学的地位依然比不上其他文化学科,体育教师受重视程度不够高、体育课程被压缩、课时被占用的现象依然大量存在,导致学生无法系统学习体育知识和技能,影响了学生体育运动习惯的养成和运动能力的提升。对此,学校体育教师要积极转变教学观念,在足球教学中推广校园足球运动,充分实现校园足球的核心价值与功能。

在校园足球推广中,足球课程是不可或缺的重要载体,其作用和重要性不容忽视。体育教师要高度重视学校足球课程教学,创建良好的足球课堂教学环境,树立快乐足球教学理念,使学生在良好的课堂氛围中主动学习和掌握足球知识与技能,在足球运动中获得良好的体验和感悟。作为足球课堂教学的组织者,足球教师合理组织与优化课堂教学有助于更加充分地实施足球教学内容,提升课堂教学效率。

(二)完善基础设施资源

在校园足球课程教学中,足球场地、器材、护具等基础设施是必不可少的教学资源,在足球教学改革中要加强足球教学基础设施的改革与完善,逐步改善校园足球硬件设施条件,创建良好的校园足球物质环境,不断丰富校园足球物质文化,为校园足球课程教学及其他足球活动的开展奠定良好的物质基础。

此外,要结合学校办学条件和学生实际情况来设计足球校本课程,这是校园足球课程教学改革的一个重要举措。建设足球校本课程的过程中,要充分挖掘与整合学校足球资源和教育资源,充分满足学生的实际需要,使学生通过学习校本课程内容而获得更丰富、更深刻的学习体验,提升对足球运动的学习兴趣和长期参与的积极性。

（三）优化足球课程教学流程

在校园足球视角下优化足球课程教学流程，要从课前教学、课中教学和课后评价三个阶段展开。

1. 课前教学

在传统足球课程教学模式中，为了防止学生在足球学练中受伤，足球教师往往会在正式上课前带领学生做一些基础热身活动，以关节活动为主要内容，但单一的关节活动比较枯燥，无法吸引学生，一些学生不愿意做热身练习或只是敷衍几下，无法做到充分热身，而且因为兴趣不高，所以也会影响后面的学习。为了解决这一问题，在课前准备部分应多设计一些游戏类的热身活动，热身游戏要与课上要教的足球技战术结合起来，进行专门化的足球游戏热身活动，以吸引学生的注意力，调动学生的积极性，激发学生的参与热情，为正式教学打好基础。

总之，以游戏热身来替代单一的关节热身，既能起到预防运动损伤的作用，又有利于初步培养学生的球感，还能营造有趣的课堂氛围，调动学生的学习兴趣。

2. 课中教学

传统足球课堂教学内容和教学方法存在一定的缺陷和不足，在校园足球视角下结合素质教育理念和要求来改革教学内容与方法是非常有必要的。

在足球教学内容改革中，应充分挖掘网络足球教学资源，设计"微课"，将新兴教学资源融入教学中，传递给学生，使学生更好地理解足球教学内容，对足球教学新内容产生兴趣，养成自主学习和主动练习的好习惯。此外，也可以将新兴足球课程资源融入"翻转课堂"中，使学生获得深刻的体验。

在足球教学方法改革中，要重点改革陈旧的、不合时宜的教学方法，改变教学方法单一、落后的现状，设计一些新的教学方法，如合作教学法、启发式教学法、比赛教学法、"微课"教学法等，充分调动学生学习的积极性，使学生运用新的学习方法来提升学习效率，加深学习体验，从而提高学生的足球知识素养和技能水平。

3. 课后评价

足球教学评价是足球教学中非常重要的组成部分,充分发挥教学评价的反馈功能、激励功能有助于促进足球教学的改革与发展。在校园足球课程教学评价改革中,要改变传统教学评价中只进行终结性评价的方式,要将过程评价和结果评价结合起来,要突出评价的动态性和持续性,通过评价对足球教学的过程与最终结果有更客观的认识与全面的了解。从评价结果中反省教学过程中存在的不足,从而有针对性地加以改善。

三、创建良好的校园足球环境

(一)校园足球环境的现状

就目前的情况看来,我国的校园足球环境还有很多不尽如人意的地方,他们主要体现在以下几个方面。

(1)由于长期以来我国的教育模式仍以应试教育为主,使社会、学校、家长和学生整体上对语、数、外、史、地、政、生、化、物以外的其他学科重视程度都不够。足球作为一项需要长期专业训练的运动项目,在这样的大背景下其发展自然受到天然的限制。由此带来的结果就是,学校对足球环境的建设达不到其应该有的水平,精力投入、资金投入都较为不足。

(2)对于大多数学校而言,在对校园足球精神环境的构建上还不够完善,学生对足球的认识还相对片面,大多数学校距离拥有丰富的校园足球精神环境还有相当的距离。

(3)我国校园足球的制度环境建设还不完善,基本上还处于比较初级的阶段。校园足球制度环境需要在教育部门的整体规划与指导下进行才能不断优化。

(4)校园足球人文环境建设也比较落后,比较突出的问题是,学生作为校园足球的主体并没有真正地参与到人文环境构建过程中来,还处于被动的、从属的位置,这肯定是与真正的校园足球人文环境相背离的。

（二）校园足球环境的构成与构建

校园足球环境一般包括物质环境、精神环境、制度环境和人文环境，由于每个学校的自身特征和客观情况不尽相同，因此在发展校园足球环境的时候会根据各自的实际情况而有所侧重和取舍。

1. 构建校园足球的物质环境

校园足球物质环境是校园足球环境建设的基础，是校园足球教学的基石，是校园足球环境中最容易被感知的部分，因此具有特别重要的作用。物质文明是精神文明的基础，物质环境也是精神环境、制度环境和人文环境的基础。因此，在发展校园足球环境的时候，首先要建设的就是足球物质环境。足球场馆、草坪、训练设施等共同构成了校园足球物质环境。良好的足球物质环境是学校对足球教学重视程度的直接反应。当学生置身于这样的环境中学习的时候，能够体会到学校在背后所提供的强有力的支持，因此可以更安心地学习和训练，在情感上也会对足球运动更为重视、更有归属感。

（1）经费投入是关键。物质环境的建设，经费投入是关键。对于校园足球运动而言，最重要的物质环境就是场馆和草坪，建设符合标准的场馆和对草坪进行养护，在资金投入上对于学校而言是一个不小的挑战。大多数学校的体育场馆设施建设都长期处于滞后的状态，不要说中小学，即使是高校很多也未能达到国家教育部门规定的最低要求。

学校的足球教学主要目的是培养学生对足球运动的兴趣。尤其在学生学习初期，物质环境起到相当大的作用，可以激发学生对足球的热情和投入程度。良好的环境会鼓励学生们自发地投入更多的时间去进行足球活动，从而逐渐培养出对足球的兴趣。随着社会的发展，广大师生在体育文化活动中求新、求美的诉求越来越强烈，对环境设施的要求也越来越高，希望在体育运动中得到全面的、良好的感官体验。这就对我们的学校物质环境提出了更高的要求。

因此，在校园足球广泛展开的大背景下，我们的教育系统应该对校园足球环境加大投入力度，尤其是经费投入力度。相关部门应重视起这部分工作，逐步增加对足球物质环境的建设投入，使校园足球环境从根本上得到改善，并且建立起科学的指标评估体系，把体育环境及设施建设作为学校办学条件和办学水平的考核标准，以督促学校对足球教学物质环境建设的投入。

（2）逐步进行物质环境建设。物质环境的建设并非是一蹴而就的，它需要逐步地完成，是一个循序渐进的过程。在进行校园足球物质环境建设的过程中，要有计划、有组织、有步骤，要有系统性的构建布局，依据现有的情况逐步完成物质环境的建设。这里提供如下两个建设思路。

第一，学校可以根据自身的实际情况，充分发挥场地、人才和管理的优势，通过社会力量促进学校的发展和建设。例如，在节假日和寒暑假期，向公众开放一些足球活动的场地，或者提供一定的技术指导，这样可以为学校带来一定的经济收益，这部分收益将作为专项资金用于学校体育物质环境，尤其是足球物质环境的维护、改建和更新。

第二，寻求社会企业的赞助并与其合作，比如邀请企业资助学校的场馆或者设施的建设，企业可以冠名校园足球队并对其提供长期的资助，足球队取得了成绩也会为企业赢得荣誉。这种企业与学校合作的形式在国外发展得较为成熟，在我国还并不多见，还需要从国情出发做进一步的探索。

（3）物质环境要体现出文化底蕴。校园足球物质环境是校园足球文化的物质载体，决定着校园精神环境、制度环境和人文环境的发展，同时它们之间又存在着彼此依存、互相影响的关系。在构建校园足球物质环境的过程中，既要注重物质环境设施的完善，也要注意物质环境内在文化底蕴的提高。没有文化底蕴的物质是肤浅的，没有物质基础的文化是虚幻的，只有当两者能够相辅相成、你中有我、我中有你的时候，才是最理想的状态。良好的校园足球物质环境既是足球教学的需要，也是校园体育文化建设的需要，它有利于学生的身心健康，也是整个校园体育文化的外在标志。一个草皮漂亮、环境整洁的足球场，就像校园无声的代言人。一方面，它体现了学校对足球教学乃至体育教学的重视程度，另一方面，它也体现了学校具有深厚的文化底蕴。

2. 构建校园足球的精神环境

青少年足球运动的发展关系到国家足球的发展，青少年足球人才的培养关系到国家足球人才的培养。青少年好奇心强烈，爱动，喜欢团体活动，这些都是发展校园足球的有利条件。青少年时期是一个人最具可塑性的阶段，这也是培养他们学习能力和兴趣爱好的关键时期。如果在这一期间，学校能够加强对校园足球精神环境的建设，营造一个良好的足球文化氛围,给学生们创造出适合开展足球运动的物质与精神环境,将非常容易让孩子们爱上足球运动。

首先,要加强足球文化的宣传,推广足球运动的知识、历史,定期举办一些讲座、友谊赛等。让足球文化成为学生生活中的一个重要的内容,让学生们对足球产生亲近感,当他们想要运动或者想要看比赛的时候,让足球成为选项之一。要达到这样的效果,就需要校园足球教学打开思路,从各个方面对足球运动进行推广,打造良好的校园足球精神环境,大力宣传足球精神与足球文化对人的精神品质的影响以及顽强拼搏、积极进取、协作奉献等足球精神。鼓励学生们积极参加足球训练和足球比赛,让他们以能为团队的荣誉而战感到自豪、感到骄傲。

其次,校园足球精神环境的建设,不仅仅是通过宣传与说教的方式实现,更重要的是定期开展一些有关足球的文化活动和比赛活动。努力给学生们创造轻松的足球文化氛围,让他们在活动中逐渐体验足球运动的文化内涵和精神特质。只有让学生真正地融入足球运动之中,加强彼此间的互动与合作,才能锻炼他们的团队协作能力和勇于拼搏的精神,只有让学生亲身体会足球带来的挑战性与成就感,才能让他们真正地热爱上足球运动,并且将这种兴趣爱好长期地保持下去。也只有这样,才能为我国足球竞技运动的发展培养坚实的群众基础,才能让中国的足球项目稳定地、持续地得到发展。

3. 构建校园足球的制度环境

校园足球制度环境的构建,应该与国家的整体足球事业发展相一致。学校要切实履行人才培养和人才输出的重要使命,与国家的体育发展制度紧密结合,建设具有自身特色的校园足球环境制度。

现阶段,中国正从体育大国向体育强国的方向努力前进,而足球运动是国家竞技体育发展的重中之重,国家层面、社会层面和学校层面,都在以不同程度和不同方式对足球的发展进行着推动。在这样的大背景下,学校构建校园足球的制度环境既存在着一定的挑战,也存在着一定的机遇。

从挑战的角度来看,学校自身需要承担起更多的责任,需要勇于尝试,大胆行动。但是,若从机遇的角度来看,学校具有更大的探索空间,在探索过程中能够发挥出更大的活力。比如,从学校的实际情况出发,制定出有助于开展校园足球教学活动的基本制度,鼓励师生更积极地投身于足球教学和足球训练。要乐观地、务实地将校园足球活动推向制度化、有序化的发展轨道。如果发现问题，也要及时纠错、及时调整，让校园足球的制度环境建设始终保持在一个健康的、充满活力的发展状态。

4. 构建校园足球的人文环境

校园足球的人文环境，具体来讲是指以足球为核心的价值观、审美观和发展观。对校园足球人文环境的建设，需要借助于具体的载体如足球活动或者足球比赛，也需要对学生进行正确的引导，这是构建校园足球人文环境的重要途径。

校园足球肩负着双重的使命，即在发展学生身体素质和培养学生运动技能的同时，还要积极开展对青少年的人文熏陶和教育。鼓励学生们积极地投入到足球运动中来，享受足球带来的非凡体验，同时也要让他们体会到足球背后所蕴含的深刻的价值观和审美观。只有这样，才能让足球的教育价值充分发挥，才能够培养出具有发展潜力的足球人才。未来的足球竞技人才，不仅要具备优秀的技术水平，还应当具备深厚的人文素养。而校园足球的人文环境，是培养未来足球人才的重要因素，它会对青少年学生形成综合的滋养，对人才的养成具有多方面的作用。

（三）构建校园足球环境的方法

1. 尽早开设足球课程

从足球先进国家的发展经验来看，足球人才培养应该从儿童期就开始抓起。从我国目前的教育体制来看，小学阶段还没有专门的足球课程，有些学校只是简单地涉及一些足球游戏活动。由于学生接触足球的时间有限，那么学生养成足球兴趣的概率必然会大大降低。并且，良好的校园足球环境的建设并非是一朝一夕就能完成，它是一个循序渐进的过程，因此，首先要做到的就是尽早地开设足球课程，先给学生们一个充分接触足球运动的机会，让他们能自如地了解足球文化，掌握更多的足球知识和技巧，然后才能谈到去培养学生养成长期的、稳定的足球兴趣。

2. 提高教师教学能力

在学校构建足球环境与学生养成足球兴趣之间，还需要一个举足轻重的桥梁,那就是体育教师。优秀的体育教师能够将物质环境、精神环境、制度环境与人文环境等这些或者有形或者无形的资源,巧妙地转化为学生能够轻松理解和接受的,并且符合学生年龄特点的有效资源。比如,一节生动的足球课不仅能让学生们在操场上奋力奔跑,展开积极的进攻或者顽强的防守,同时还能让学生们了解技术背后的文化与历史,让学生们感受到足球运动是一种文化丰富的体育活动,在它的规则背后其实具有丰富的文化内涵和精神价值,这会帮助学生们建立起更为深厚的足球兴趣和热情。学生对足球技巧、足球精神、足球制度和足球人文的理解,都需要体育教师做深入浅出地教导,因此,提高体育教师的教学能力对构建良好的校园足球环境非常重要。

3.完善相应的足球设施

对于校园足球而言,一个好的足球场地是十分有必要的,它至少保证了学校的足球教学可以正常开展和进行。一个漂亮的足球场不仅可以保障学生们的运动安全,而且还具有强大的吸引力,吸引着学生们情不自禁地在上面踢球、奔跑。因此,学校在构建足球环境的时候,最重要的是要修建一个良好的足球场供学生们开展运动。

4.常态化的足球环境建设

国家把校园足球作为我国"三大球"运动综合改革的突破口,体现了国家对足球项目的重视程度,也反映出建设良好的足球环境并非只是一个短期目标,而是一个长期目标。因此,要将校园足球的环境建设作为一项常态化的工作任务。构建校园足球的物质环境、精神环境、制度环境和人文环境并不是形象工程或者表面工程,它是切实发展我国足球教育的基石,是提高我国足球运动水平的重要准备工作,是实现青少年足球后备人才可持续性发展的必要努力。学校通过整合各种资源,以点带面,将校园足球环境作为学校长期发展建设的重要组成部分,并做好规划与落实工作,努力将各项现有资源配置合理化和科学化,从而实现校园足球环境建设的常态化发展。

参考文献

[1]（德）格莱德·替森；（德）约阿希姆·努斯绘图；王悦译.足球教学 [M].北京：北京体育大学出版社,2005.

[2]（日）平野淳；杨晨译.少年足球技术与训练完全图解 [M].北京：人民有点出版社,2016.

[3]（瑞典）比约恩·埃克布洛姆；陈易章等译.运动医学与科学手册 足球 [M].北京：人民体育出版社,2003.

[4]（英）亚当·欧文,（法）亚历山大·德拉尔；魏宏文译.足球体能训练方法 [M].北京：北京科学技术出版社,2020.

[5]（英）英国特兰米尔流浪者足球俱乐部.校园足球训练指导用书 [M].呼和浩特：内蒙古人民出版社,2019.

[6] 陈亚中.校园足球身体运动功能进阶训练 [M].北京：北京体育大学出版社,2019.

[7] 陈亚中.青少年足球科学训练探索 [M].北京：北京体育大学出版社,2007.

[8] 陈亚中.足球：运动训练专业主修 [M].北京：北京体育大学出版社,2015.

[9] 程公.论足球后备人才培养的全面质量管理 [M].北京：北京体育大学出版社,2011.

[10] 邓达之.足球训练 [M].北京：人民体育出版社,1999.

[11] 邓毅.推进校园足球改革发展中的问题呈现与破解对策研究 [D].湖南师范大学,2019.

[12] 董海鹏.中、日、德青少年足球后备人才培养体系对比研究 [J].青少年体育,2015（5）：19–21.

[13] 董守滨.详论中国高校校园足球的系统训练与可持续发展 [M].

成都：电子科技大学出版社,2017.

[14] 冯涛.足球教学设计与训练实践研究 [M].长春：吉林大学出版社,2018.

[15] 耿剑峰.校园足球发展与普及研究 [M].北京：新华出版社,2019.

[16] 广州体育学院足球教研室编.新编足球教学与训练 [M].广州：广东高等教育出版社,2019.

[17] 郭海芳.新时代校园足球文化建设与科学训练 [M].北京：冶金工业出版社,2019.

[18] 侯立.中国青少年足球后备人才培养体系多元化构建与创新研究 [M].天津：天津科学技术出版社,2015.

[19] 黄涛.运动损伤的治疗与康复 [M].北京：北京体育大学出版社,2010.

[20] 解颖爽.足球 [M].济南：山东大学出版社,2001.

[21] 雷旭.现代足球运动的科学训练与评价 [M].北京：经济科学出版社,2020.

[22] 李晓峰,吴坚.校园足球 [M].合肥：合肥工业大学出版社,2015.

[23] 李泽峰.我国足球后备人才培养的现状与对策研究 [D].西南大学,2009.

[24] 刘丹,赵刚.青少年足球训练纲要与教法指导 [M].北京：人民体育出版社,2011.

[25] 刘丹.足球体能训练 高水平足球体能训练理论与实证 [M].北京：北京体育大学出版社,2006.

[26] 刘广迎.足球经略 [M].北京：中国工人出版社,2018.

[27] 刘杰.足球运动教学与训练探索 [M].北京：现代出版社,2019.

[28] 刘玮,程公.足球后备人才培养的全面质量管理 [M].沈阳：辽宁民族出版社,2008

[29] 刘新刚.足球运动技战术训练的科学性研究 [M].成都：电子科技大学出版社,2016.

[30] 马冰.足球实战技巧 技战术图解 [M].北京：北京体育大学出版社,2004.01.

[31] 宁佐东.对青少年足球运动员心理特征及训练的研究 [J].内江

科技,2010,31（6）: 166-167.

[32] 普春旺.现代足球创新理念与后备人才培养体系的构建 [M].长春: 吉林大学出版社,2014.

[33] 齐小平.大学生足球运动员体能与技战术训练 [M].成都: 四川大学出版社,2014.

[34] 曲晓光.现代足球训练理念诠释与应用 [M].广州: 华南理工大学出版社,2009.

[35] 全国青少年校园足球工作领导小组办公室.全国青少年校园足球教学指南 [M].北京: 北京体育大学出版社,2018.

[36] 人民教育出版社课程教材研究所体育课程教材研究开发中心.中小学校园足球教师用书 一～六年级 [M].北京: 人民教育出版社,2015.

[37] 申海滨.足球战术配合与训练 [M].北京: 兵器工业出版社,2001.

[38] 汤信明.足球运动教学与训练 [M].武汉: 华中科技大学出版社,2012.

[39] 田慧,王敏,亓顺红,等.欧洲优秀足球后备人才培养模式与启示 [J].体育科学,2020,40（6）: 16-23+48.

[40] 田麦久.运动训练学 [M].北京: 高等教育出版社,2016.

[41] 王广.校园足球初级教程 [M].北京: 中国发展出版社,2017.

[42] 王汉臣,陈金萍.中国提升校园足球发展质量主要问题分析 [J].沈阳农业大学学报(社会科学版),2019,21（5）: 601-605.

[43] 王民享,吴金贵.现代欧美足球训练理念与方法 [M].北京: 北京体育大学出版社,2006.

[44] 文智.足球教学训练实践 [M].北京: 光明日报出版社,2016.

[45] 吴广亮.足球体能训练手册 [M].北京: 清华大学出版社,2018.

[46] 谢敏.我国校园足球开展现状刍议 [J].哈尔滨体育学院学报,2018,36（5）: 56-60.

[47] 徐健.江苏省足球后备人才培养的现状分析及对策研究 [J].体育科技,2020,41（6）: 21-23+26.

[48] 徐叶彤.高校足球运动教学与训练 [M].长春: 吉林大学出版社,2012.

[49] 杨春林.中国青少年足球训练全集 [M].北京: 线装书局,2000.

[50] 杨京.足球运动训练方法与技巧精要[M].长春：吉林人民出版社,2020.

[51] 杨卓.现代运动训练内容分析与创新方法研究[M].北京：中国商务出版社,2017.

[52] 张洪江.踢球者青训营 校园足球情境化训练课设计[M].长春：吉林大学出版社,2021.

[53] 张梦阳.现代足球基本技术教学论[M].贵阳：贵州科技出版社,2008.

[54] 张廷安,徐鹏,肖辉.足球技术教学与训练[M].北京：北京体育大学出版社,2018.

[55] 张廷安等.足球战术教学与训练[M].北京：北京体育大学出版社,2017.

[56] 张忠秋.优秀运动员心理训练实用指南[M].北京：人民体育出版社,2007.

[57] 赵润新.我国校园足球未来发展及后备人才培养研究[M].长春：东北师范大学出版社,2018.

[58] 郑缘梦,汪辉.我国校园足球人才培养体系特征研究[A].国家体育总局体育文化发展中心、中国体育科学学会体育史分会.2020年第四届中国足球文化与校园足球发展论文摘要集[C].国家体育总局体育文化发展中心、中国体育科学学会体育史分会：国家体育总局体育文化发展中心,2020:2.

[59] 中小学校园足球教学指导用书[M].广州：广东高等教育出版社,2020.

[60] 周雷.足球[M].北京：高等教育出版社,2004.

[61] 周毅.校园足球课程构建导论[M].广州：广东高等教育出版社,2019.

[62] 朱宏庆.足球技战术分级教学研究[M].济南：山东大学出版社,2010.

[63] 庄小凤,沈建华.校园足球[M].上海：上海教育出版社.2014.